Salmos
UM COMENTÁRIO ESPIRITUAL

Salmos
UM COMENTÁRIO ESPIRITUAL

Meditações do Abade M. Basil Pennington,
Ordem Cisterciense da Estrita Observância (OCSO)

Ilustrações de Phillip Ratner

Tradução:
LUIZ LUGANI GOMES

Editora
Pensamento
SÃO PAULO

Título do original: *Psalms — A Spiritual Commentary.*

Copyright © 2006 Cistercian Abbey of Spencer, Inc.

Publicado originalmente em inglês por SkyLight Paths Publishing, P.O. Box 237, Woodstock, Vermont, USA 05091. www.skylightpaths.com

Todos os direitos reservados. Nenhuma parte desta obra pode ser reproduzida ou usada de qualquer forma ou por qualquer meio, eletrônico ou mecânico, inclusive fotocópias, gravações ou sistema de armazenamento em banco de dados, sem permissão por escrito, exceto nos casos de trechos curtos citados em resenhas críticas ou artigos de revistas.

A Editora Pensamento-Cultrix Ltda. não se responsabiliza por eventuais mudanças ocorridas nos endereços convencionais ou eletrônicos citados neste livro.

Obs.: A numeração dos Salmos empregada neste volume é a da Bíblia Hebraica e, portanto, um número acima daquele encontrado nas traduções da Vulgata e em versões nela baseadas. A tradução dos Salmos para o inglês é, em sua essência, do autor.

Dados Internacionais de Catalogação na Publicação (CIP)
(Câmara Brasileira do Livro, SP, Brasil)

Pennington, M. Basil
 Salmos : um comentário espiritual / meditações do abade M. Basil Pennington ; ilustrações de Phillip Ratner ; tradução Luiz Lugani Gomes. — São Paulo : Pensamento, 2009.

 Título original: Psalms : a spiritual commentary.
 ISBN 978-85-315-1600-9

 1. Bíblia. A.T. Salmos - Meditações I. Ratner, Phillip. II. Título.

09-09426   CDD-223.207

Índices para catálogo sistemático:
1. Salmos : Antigo Testamento 223.207

O primeiro número à esquerda indica a edição, ou reedição, desta obra. A primeira dezena à direita indica o ano em que esta edição, ou reedição, foi publicada.

Edição   Ano
1-2-3-4-5-6-7-8-9-10-11   09-10-11-12-13-14-15

Direitos de tradução para a língua portuguesa
adquiridos com exclusividade pela
EDITORA PENSAMENTO-CULTRIX LTDA.
Rua Dr. Mário Vicente, 368 — 04270-000 — São Paulo, SP
Fone: 2066-9000 — Fax: 2066-9008
E-mail: pensamento@cultrix.com.br
http://www.pensamento-cultrix.com.br
que se reserva a propriedade literária desta tradução.

*Aos monges da
Abadia de Nossa Senhora de São José*

*Homens do Espírito — Homens da Oração
Homens com quem tive o privilégio de entoar os Salmos
dia a dia durante mais de cinquenta anos.
Oxalá possamos cantar todos os dias de nossas vidas
e por toda a eternidade.*

Momentos

Bem-vindos	9
Bem-Aventurados Aqueles: Salmo 1	15
Ó Senhor, Senhor Nosso: Salmo 8a	21
Tu Nos Deste Domínio: Salmo 8b	27
Os Céus Proclamam a Glória de Deus: Salmo 19	32
Que o Senhor Te Ouça: Salmo 20	39
Do Senhor é a Terra: Salmo 24	45
Faze-me Justiça, ó Senhor: Salmo 26	50
O Senhor é Minha Luz: Salmo 27	56
Eu Te Exaltarei, ó Senhor: Salmo 30	62
Bendirei o Senhor: Salmo 34	68
Assim como o Cervo Anseia: Salmo 42	74
Deus é Nosso Refúgio e Força: Salmo 46	81
Dá Ouvidos à Minha Prece: Salmo 55a	86
Não Foi um Inimigo: Salmo 55b	92
Aclamai a Deus: Salmo 66	98
Em Ti, ó Senhor, me Refugio: Salmo 71	104
Escuta a Minha Lei: Salmo 78	111
Tu que Habitas: Salmo 91	118
O Senhor Reina: Salmo 97	124

Cantai ao Senhor: Salmo 98 131

Ouve a Minha Prece: Salmo 102 136

Rendei Graças ao Senhor: Salmo 136 142

Às Margens dos Rios da Babilônia: Salmo 137 148

Aleluia: Salmo 150 155

Leituras Sugeridas 160

Bem-Vindos

Você já amou alguma vez? Espero que sim. Se sua resposta for afirmativa, saberá que simplesmente expressar o fato de amar não é suficiente. Um conhecido anúncio publicitário exorta-nos a "declará-lo com flores". Alguns de nós valem-se da linguagem retórica. Os mais talentosos recorrem à poesia e tecem belas grinaldas de palavras. Os poemas de amor são parte integrante, bela e preciosa da herança literária de toda nação. Os indivíduos mais talentosos, ainda, transformam em música essas palavras. Se ligarmos o rádio, geralmente não teremos necessidade de procurar uma estação durante muito tempo para encontrar alguém cantando o amor ou as mágoas do amor. Essencialmente, os Salmos são canções de amor que expressam o mais extraordinário caso de amor possível: o de Deus com seu Povo. Um caso de amor que, pelo menos no que se refere ao Povo de Deus, tem tido seus altos e baixos. Os Salmos podem dar voz significativa e potente ao nosso caso de amor pessoal com este Deus maravilhoso, tão além de nós, e, todavia, tão verdadeira e ansiosamente desejado por nós e uno conosco.

A *Regra dos Mosteiros* (*Regula Benedicti* ou RB), escrita no século VI por Bento de Núrsia, pode parecer, sob muitos aspectos, realmente um texto um tanto primitivo, e muitos de seus dispositivos práticos ou disciplinares o são. Mas ainda hoje, milhares de homens e mulheres em todo o mundo consideram esses preceitos sua regra de vida e comprometem-se a viver de acordo com eles, pois encerram grande sabedoria espiritual.

De fato, em sua *Regra,* Bento fala relativamente pouco de orações, que, naturalmente, são fundamentais à vida monástica e cristã. Ele constrói uma vigorosa estrutura de orações a que dá o nome de *Opus Dei,* a Obra de Deus. Inspirado pelos versos dos Salmos, Bento pede aos monges que se reúnam "sete vezes ao dia" (Sl 119,164) e uma vez à noite (Sl 119,62) para tecer louvores a Deus. Para cada uma dessas reuniões ele indica certos Salmos por serem a essência da cerimônia das orações. É precisamente aqui que Bento espera que os monges aprendam a orar. Paulo de Tarso declarou com bastante destaque: "Não sabemos orar como convém", e acrescentou, "mas o Espírito Santo ora em nosso interior" (Rm 8,26). A tradição nos ensina que o Espírito Santo inspirou os autores dos Salmos; são orações inspiradas que possibilitam ao Espírito orar em nosso interior. Consequentemente, Bento, o sábio mestre espiritual, oferece apenas uma diretriz fundamental: "Que a mente esteja em consonância com a voz" (RB 19:7). Conforme as disposições do sacro Legislador, os monges deverão cantar semanalmente o Saltério inteiro mais algumas repetições — até mesmo repetições diárias. Com essa repetição constante, o monge permitirá que os Salmos eduquem sua mente e seu coração; com efeito, ele permitirá que os Salmos o ensinem a orar. Os Salmos são o livro de orações de monges e freiras, os membros da comunidade cristã mais inteiramente empenhados com a oração. Os Salmos são a escola da oração e estão disponíveis a todos os que oram.

E é como deve ser para o discípulo e seguidor de Cristo. Pois foi aqui que o jovem de Nazaré, Deus — ainda que ele seja verdadeiramente homem e como todo homem necessitando crescer no conhecimento, na graça e em anos — aprendeu a orar. Desde a mais tenra idade ouvira os Salmos cantados na sinagoga local. Quando menino, preparando-se para a sua cerimônia de *bar mitzvah*, estudara hebraico e os Salmos e aprendera a entoá-los com os outros homens na congregação. Para este homem muito especial que se tornou um verdadeiro homem de preces — passando noites inteiras a orar e que foi para o deserto onde permaneceu durante um longo período de solidão — os Salmos foram o caráter essencial mesmo de sua vida. Não é de surpreender que em sua hora de mais intensa agonia e desamparo ele se volta para os Salmos e reza o Salmo 22: "Meu Deus, meu Deus, por que me abandonaste?" Esta oração exprime bem sua agonia mas transforma-se numa expressão de esperança e triunfo que se apoderou de sua alma e levou ao seu grito vitorioso final: "Pai, em tuas mãos entrego meu espírito. Está consumado!" (Lc 23,46; Jo 19,30).

Se o cristão não consegue encontrar uma escola de orações e espírito cristão melhores do que o Saltério, também o judeu pode voltar-se para esta mesma escola com idêntica confiança. Desde a época em que foram compostos, esses hinos magníficos têm enchido o Templo e as sinagogas, conduzindo os fiéis à comunhão com seu Deus.

Os Salmos são, com certeza, a grande ponte viva que une a tradição judaica e cristã à vida. Aqui podemos orar juntos e ficarmos ombro a ombro perante Deus conhecendo até suas profundezas a nossa humanidade comum e seu apelo a um relacionamento muito especial com o Deus de Abraão, Isaac e Jacó; o Deus e Pai de nosso Senhor, Jesus Cristo, o rabino de Nazaré.

Um dos problemas com que defrontamos quando meditamos nos Salmos e procuramos rezá-los é a grande diferença cultural que existe entre nós e seus autores. Não se trata apenas de uma questão de séculos, mas de perspectiva étnica e teológica. Para citarmos um exemplo: se ouvirmos e compreendermos a palavra "lei" como a entendemos em nossa sociedade civil contemporânea, quão afastados estaríamos do significado rico e abrangente que essa palavra transmite ao cantor de salmos inspirado. A Lei e seus sinônimos — Decretos, Rituais, Preceitos etc. — falam da Torá, da Revelação, da Palavra de Deus. Certa vez, procurando fazer-se compreender, disse-me um rabino: "Aquilo que Jesus é para vocês, a Torá é para nós — a Palavra de Deus em forma humana". Um católico tradicional, acostumado a encontrar na igreja, num lugar central, o sacrário com uma chama ardendo à sua frente proclamando a Presença Real, sente-se confortavelmente em casa numa sinagoga onde a arca está situada acima do bema [plataforma elevada nas sinagogas] iluminada por uma chama. Cada vez mais as Escrituras são entronizadas nas igrejas cristãs e frequentemente reverenciadas com uma chama.

É verdade que discordamos de afirmações intransigentes que não têm espaço para a distinção que fazemos entre pecado e pecador, afirmações que apregoam a destruição total dos inimigos pessoais e dos inimigos de Deus. Os autores dos Salmos eram pessoas bastante determinadas e práticas e viam o pecado em sua realidade concreta no pecador. Mesmo em nossos tempos, sem qualquer justificação cultural, tomamos conhecimento de excessos semelhantes. É necessário que estejamos em contato com os profundos sentimentos que são expressados, que vêm à tona mesmo em nossos corações, e que estejamos dispostos a colocá-los diante de Deus. Temos de reconhecer humildemente que eles não são dignos daqueles que misericordiosamente foram levados à reconciliação universal realizada em nossa família humana pela graça salutar de Cristo. Sim, desaprovemos com veemência o pecado e oremos pela sua total extinção, desejosos da libertação de todos os pecadores, incluídos nós mesmos. Que todos os inimigos venham a ser amorosos e amados filhos e filhas do Pai celestial único.

Os cristãos por vezes rejeitaram os denominados "Salmos blasfemos" — aqueles que invocam maldições sobre os inimigos de alguém — o mais horripilante deles é o Salmo 137, cujo verso final é: "Bem aventurado aquele que pegar teus pequeninos e esmagá-los contra a pedra." Sentem os cristãos que sentimentos dessa ordem foram repudiados com a proclamação do Evangelho do Amor. Mas não podemos esquecer que o Mesmo que proclamou o Evangelho do Amor, ao fazê-lo, estava citando a Bíblia Hebraica, de modo que sua lei do amor não é de maneira alguma estranha à tradição judaica. Ademais, ele próprio rezava esses "Salmos blasfemos". Em vez de rejeitá-los, devemos buscar a orientação e inspiração do Espírito e da tradição viva e aprender como rezar esses Salmos, permitindo que eles eduquem nossas mentes e corações, nossas vidas, como o Povo de Deus.

Podemos estar com diferentes estados de ânimo — se for esta a palavra certa — quando lemos, ouvimos ou meditamos sobre os Salmos ou tentamos rezá-los. Podemos estar procurando orientação prática, alívio ou consolo, ou tentando expressar nossa alegria e gratidão. Ou podemos estar simplesmente receptivos e permitir que os Salmos nos conduzam a uma atitude adequada perante Deus. Minha sugestão é que essa pode ser a melhor maneira de abordar este livro.

Na tradição judaica, as pessoas geralmente citam os Salmos pelas suas primeiras palavras, quase como os cristãos se referem à Oração do Senhor como o Pai-nosso, e à Saudação Angélica como a Ave-maria. A numeração dos Salmos empregada neste volume é a da Bíblia Hebraica e, portanto, um número acima daquele encontrado nas traduções da Vulgata e em versões nela baseadas. A tradução dos Salmos é essencialmente de minha autoria. Perguntam-me com frequência qual tradução em inglês da Bíblia é a minha favorita. Na verdade, prefiro a Bíblia de Jerusalém. Na minha opinião, o Padre Alexander realizou um ótimo trabalho produzindo uma Bíblia primorosamente escrita, e contudo muito fiel ao texto como era conhecido na época em que ele a redigiu. Foi superada pela Nova Bíblia de Jerusalém, que se beneficia de estudos posteriores mas que infelizmente não conserva toda a beleza da tradução anterior. Neste volume uso minha tradução do hebraico que, antes de estilo, visa à precisão, na esperança de permitir que as palavras originais falem a nós de forma mais direta.

Sou grato a Phillip Ratner por permitir-me fazer-lhe companhia em levar a você e a milhares de outras pessoas nestas páginas algo do espírito interior dos Salmos. Tenho confiança de que as horas que você despender com esta obra se revelarão uma bênção além de todas as suas expectativas.

Bem-Aventurados Aqueles

Salmo 1

1 Bem-aventurados aqueles que não vão ao conselho
    dos ímpios,
  nem se detêm no caminho dos pecadores, nem se assentam
    na roda dos zombadores.
2 O prazer deles está na Lei do Senhor;
  dia e noite nela meditam.
3 Eles serão como uma árvore plantada junto a riachos
  Dão seu fruto no tempo devido;
  suas folhas não murcharão.
  Tudo que fazem é bom.
4 Não são assim os ímpios.
  São como a palha que o vento dispersa.
5 Esses, como perversos, não se sustentarão no julgamento,
   nem, como pecadores, terão lugar na congregação dos justos.
6 O Senhor protege o caminho dos justos
  mas o caminho dos ímpios perecerá.

O prazer deles está na Lei do Senhor;
dia e noite nela meditam.
Eles serão como uma árvore plantada junto a riachos.
Dão seu fruto no tempo devido;
suas folhas não murcharão.

Bem-Aventurados Aqueles

"Bem-aventurados aqueles." Toda a expressividade do inspirado conjunto de cânticos de sabedoria que denominamos Salmos insere-se nesta pequena canção de abertura. Um prólogo, por assim dizer. Os Salmos nos guiam, nos atraem, nos levam ao caminho que conduz a bênçãos abundantes, a uma vida verdadeiramente bendita e feliz.

Primeiramente, temos de fazer nossa escolha. Somos livres. Através dos anos ouvimos ecoar novamente aquela clara diretriz ao homem com quem Deus falou frente a frente, o venerável Moisés: "Escolha a vida!" (Dt 30,19).

Se desejarmos uma vida venturosa, não podemos procurar nossos amigos e companheiros entre aqueles que querem trilhar outros caminhos, caminhos indignos de quem foi feito para compartilhar a vida divina. Não podemos desperdiçar o tempo dando ouvidos a eles, quer em conversas fugazes, quer na televisão ou no rádio. Temos de poupar nosso tempo de maneira que possamos ser iluminados pelas palavras que nos levarão à senda do Senhor, o caminho da bem-aventurança verdadeira e eterna.

A Lei do Senhor, a Torá, a Palavra inspirada de Deus, promete a vida ao mesmo tempo em que a orienta. Promete toda a plenitude da vida àqueles que a vivem integralmente. Mas somente àqueles que se tornam receptivos à sua plenitude. Consequentemente, dia e noite procuramos achar tempo para tomar as Escrituras em nossas mãos e, através de reflexões pessoais sérias, fazer com que a sabedoria desses cantos torne-se a seiva de nossas vidas.

Bento de Núrsia, o grande sábio do Ocidente, ordena que seus discípulos levantem-se depois do meio da noite, todas as noites, para aproveitar as últimas, mais tranquilas e mais recônditas horas para meditar na Lei do Senhor à medida que esta é mostrada, primeiramente nos Salmos e depois nas outras

Escrituras. Novamente ao amanhecer, várias vezes durante o dia, e ao entardecer até encerrarem o dia, seus discípulos têm de estar com os Salmos nos lábios, educando suas mentes e corações. Qualquer um que tenha feito isso, que tenha meditado na Lei do Senhor dia e noite, conhece o deleite que esta Palavra salvadora se torna. Dá sentido e esperança à vida como um todo. A Lei do Senhor me enleva porque me indica o caminho mais certo que conduz à plena realização das mais profundas aspirações do meu ser. Minha vida torna-se estimulada e verdejante de esperança. Pela graça de Deus, chega mesmo a produzir abundância de frutos. De fato, os frutos são abundantes e surgem diretamente das previdentes mãos de Deus, mesmo enquanto tenho o beneplácito de desfrutar do doce repouso da meditação. E há sempre a promessa de mais. Pois é nosso o próprio fluir da sabedoria, a seiva sapiencial que estimula todas as nossas buscas e as faz desabrochar, deliciando a todos que as contemplam e produzindo frutos para estes. O homem sensato, cuja sabedoria vem da Palavra de Deus, é um regozijo para o povo.

É com a rica promessa do primeiro Salmo, Bem-Aventurados Aqueles, que iniciamos o Saltério, sabendo que o tempo que despendermos nessa atividade — seja durante a quietude da noite ou nas pausas no decorrer dos labores do dia — estará entre as ocasiões mais propícias de nossa vida. O fruto da meditação sobre a inspirada Palavra de Deus é uma vida mais semelhante à d'Ele, uma vida digna da imagem de Deus que é o que somos. À medida que permitimos que a Lei do Senhor, sua Palavra inspirada, nos guie, podemos confiar tranquilamente na Sua proteção sempre vigilante. E, com toda certeza, provaremos o sabor do doce fruto da nossa meditação e ação e conheceremos o verdadeiro deleitamento. Além do mais, com o passar dos anos e as restrições impostas pela idade, nunca devemos temer o depauperamento, a perda do frescor da esperança, contanto que continuemos a meditar na Lei do Senhor dia e noite.

Bem-aventurados, verdadeiramente, seremos. Pois com nossas mentes saciadas, enriquecidas e expandidas pela sabedoria dos Salmos, não seremos tentados a seguir o conselho dos ímpios ou a trilhar a senda dos pecadores ou a permanecer na ociosidade com aqueles que se entregam à descrença. A Lei do Senhor será para nós um júbilo; celebraremos uma vida verdadeiramente abençoada e feliz.

Ó Senhor, Senhor Nosso

Salmo 8a

1 Ó Senhor, Senhor nosso, quão glorioso é o teu nome
   em toda a terra;
   estabeleceste tua glória sobre os céus.
2 Da boca das crianças e pequeninos
   fizeste sair um louvor diante de teus adversários
   para que pudesses silenciar o inimigo e o vingador.
3 Quando vejo os teus céus, obra de teus dedos,
   a lua e as estrelas que fixaste,
4 que é um homem para dele te lembrares,
   o filho da mulher para cuidares dele?
5 Pois o fizeste pouco inferior aos anjos,
   E o coroaste de glória e honra ...

que é um homem para dele te lembrares,
o filho da mulher para cuidares dele?
Pois o fizeste pouco inferior aos anjos,
e o coroaste de glória e honra.

Ó Senhor, Senhor Nosso

Como é bom sabermos que os anjos pairam sobre nós, sabermos que temos sua poderosa proteção, seu desvelo dedicado, sua sábia orientação — se formos receptivos. Contudo, não importa o quanto sejam superiores a nós em muitos aspectos, eles são idênticos a nós nisto: somos todos a bem-amada criação do nosso beneficentíssimo Deus. E nossa maior dignidade e alegria consiste em reconhecer e dar voz a isto e em todas as coisas cumprir a vontade do nosso Criador.

Mesmo quando dolorosamente cientes da nossa fraqueza e vulnerabilidade, é desejável que nos mantenhamos sempre conscientes da realidade de que somos obra de um Criador extremamente providente e amoroso, que fomos criados um pouco abaixo dos anjos, e que fomos coroados de glória e honra. Coroados, sim — e não apenas em algum reino futuro, mas mesmo agora — nós somos o remate da criação, dotados de razão e do poder de amar. Eis a nossa verdadeira coroa: nosso poder de conhecer e de amar, pois isso nos transforma na própria imagem de Deus. Quanta glória! Quanta honra! E quanta responsabilidade.

Sim, Deus "sob os nossos pés tudo colocaste, toda criação e gado, sim, e os animais do campo, as aves do céu e os peixes do mar e tudo que percorre as profundezas dos mares". Deus nos deu domínio sobre as obras de Seus dedos. Isso nos traz responsabilidades. Desafortunadamente, responsabilidades das quais temos nos desincumbido de maneira medíocre. Existe amplo espaço, aqui, para mostrarmos arrependimento e vontade de crescer. Mas não é aqui, no papel de intendentes da criação, que reside essencialmente a coroa de nossa glória, e sim no paradoxo sempre desafiador — que em última análise encontra sua expressão suprema na Cruz e na Ressurreição — de que é na fraqueza que se encontra a expressão de nossa maior força. É aqui que somos ministros da graça de Deus que recria e redime: "Da boca das crianças e pequeninos fizeste sair um louvor diante de teus adversários para que pudesses silenciar o inimigo" — todos aqueles que aviltaram a ti e a nós aviltando a dignidade humana e a tua benignidade criadora que nos coroou. Com fé própria de criança, a fé infantil que confia totalmente, proclamamos que tu és o Criador, a Fonte de tudo aquilo que é. Não permitas que sejamos enganados por quem quer que seja com falsas pretensões. Com a pureza da simplicidade autêntica, professamos e proclamamos que a glória do Senhor cobre a terra e estende-se para além dos céus.

"Que é um homem para dele te lembrares, o filho da mulher para cuidares dele?" A pessoa humana é o deleite de teus olhos, a coroação de tua criação. Sim, desgarramo-nos como ovelhas e o teu Bom Pastor nos conduziu sãos e salvos de volta à proteção da Comunidade do Amor, desde que o permitíssemos. Tu és o Pai generoso, sempre vigilante. Estás sempre pronto a acudir e a acolher com prazer o filho que esbanjou uma herança numa vida de dissipação e pecado e reintegrar esse filho. Esquecemo-nos de ti e de todo o bem que fazes amparando os ingratos. Que bênção quando o pecador acorda para a realidade, adota a dignidade de um filho de Deus e retorna a ti! Não há ciúme em ti, ó Deus, tu cujo único desejo é partilhar conosco a glória divina.

Não importam quais sejam a maravilha, a beleza e a magnificência dos céus — e estamos constantemente descobrindo outras — tua glória está além de tudo. E é para compartilhar essa glória que fomos feitos. A ela estamos destinados. "Ó Senhor, Senhor nosso, quão glorioso é o teu nome em toda a terra!" — e para além dela.

Tu Nos Deste Domínio

Salmo 8b

6 Tu nos deste domínio sobre as obras de teus dedos;
 sob os nossos pés tudo colocaste,
7 toda criação e gado, sim, e os animais do campo,
8 as aves do céu e os peixes do mar
 e tudo que percorre as profundezas dos mares.
9 Ó Senhor, nosso Senhor, quão glorioso é o teu nome
 em toda a terra!

Tu nos deste domínio sobre as obras de teus dedos;
sob os nossos pés tudo colocaste,
toda criação e gado, sim, e os animais do campo,
as aves do céu e os peixes do mar.

Tu Nos Deste Domínio

Que mundo encantador era este quando nasceu dos dedos de Deus. Todos, animais e seres humanos semelhantemente, podiam permanecer juntos, desfrutando as maravilhas da criação. Um papagaio podia empoleirar-se no chifre indolente de um touro. Um macaco podia sentar-se tranquila e alegremente mesmo aos pés de um leão, enquanto este olhava com estupefação a surpreendente tartaruga. Sim, o cordeiro e o leão podiam ficar bem próximos um do outro sob o olhar do elefante de sorriso afetado. O cavalo, um pouco mais tímido, mais próximo do homem e da mulher, podia compartilhar até certo ponto do constrangimento destes. O que é o homem, Senhor — pequeno, fraco, e vulnerável — que tu nos deste domínio sobre todas as maravilhosas obras de teus dedos?

A jornada já nos tomou milhares de anos e, contudo, parece que estamos sempre começando a compreender os prodígios de tua criação: a dança de prótons e nêutrons, o espantoso volteio do DNA e os giros das galáxias longínquas. Estamos muito distantes de exercer um domínio sábio e benevolente sobre tudo isso; distantes de participar plena e sensatamente da benignidade de teu poder criador. Não é de admirar que nossos primeiros progenitores fiquem timidamente em contiguidade no meio do seu domínio. Eles e nós, cada qual em seu idioma, daremos nomes a este vasto rol de expressões de tua beleza, poder e pujança; de tua ternura e solicitude.

Mais motivos temos nós para baixar os olhos, envergonhados, atentando para o que fizemos e o que estamos fazendo à tua magnífica dádiva e à responsabilidade que nos deste. Em vez de representar tua benignidade, temos frequentemente profanado, estragado e até mesmo destruído obras de tua Palavra criadora. Transformamos forças criadoras do bem que nos serviram — todas desconhecidas durante milhares de anos — em armas terríveis de destruição em massa. Temos destruído a vida e profanado a obra de teus dedos e as realizações criadoras de irmãs e irmãos que utilizaram corretamente as dádivas que tu nos concedeste para dar mais relevo à vida e celebrá-la.

Ó Senhor, quão glorioso é o teu nome em toda a terra! Mas nós não o ouvimos. Estabeleceste tua glória sobre os céus e nós enviamos naves espaciais e telescópios para realizar explorações. Entretanto, tu nos advertiste. Se no decorrer do exercício de nosso domínio nos tornarmos tão ocupados e até mesmo assoberbados com o pequenino quinhão que dispomos de tua sabedoria e somos capazes de usar, se não nos tornarmos como crianças, não poderemos entrar e compartilhar da verdadeira sabedoria do Reino do céu (Mat. 18,3). Da boca das crianças e pequeninos fizeste sair um louvor diante de teus adversários — o orgulho insidioso que nos aparta e as blasfêmias que até mesmo negam tua existência, para não mencionar tua benignidade criadora à qual tudo devemos. Se conseguirmos realmente ver a criação com a admiração e os olhos abertos de uma criança, conheceremos nossa verdadeira identidade e nosso lugar em tua criação. E é tão maravilhoso — um pouco inferior aos anjos. Tu verdadeiramente nos coroaste de glória e de honra. Um incessante fluxo de louvor não deveria brotar de nossa boca?

Senhor, ao mesmo tempo em que louvamos a majestade do teu nome em toda a terra, ajuda-nos a exercer nosso cargo de intendentes com plena consciência de responsabilidade e humildade verdadeira. Que a terra inteira seja vista como uma herança comum para todos os teus filhos, a ser reverenciada e compartilhada por todos com equidade.

Ó Senhor, Senhor nosso, quão glorioso é o teu nome em toda a terra!

Os Céus Proclamam a Glória de Deus

Salmo 19

1 Os céus proclamam a glória de Deus;
 e o firmamento manifesta a obra de suas mãos.
2 O dia passa esta mensagem ao outro dia e a noite
    comunica-a a outra noite.
3 Não há palavra, nem há linguagem, e a voz deles não é ouvida.
4 Contudo, sua proclamação disseminou-se por toda a terra
 e sua mensagem até aos confins do mundo.
 Nos céus colocou Deus uma tenda para o sol,
5 o qual, como noivo, emerge de sua alcova,
 e como herói, delicia-se percorrendo o caminho.
6 Ele sai de uma extremidade dos céus
 e vai até a outra
 e nada escapa ao seu calor.
7 A Lei do Senhor é perfeita, restaura a alma;
 a Prescrição do Senhor é firme, torna sábio o simples.
8 Os preceitos do Senhor são retos, alegram o coração;
 o Mandamento do Senhor é claro, ilumina os olhos.
9 O Edito do Senhor é límpido, permanece para sempre;
 as Decisões do Senhor são verdadeiras, justas todas elas,
10 mais desejáveis do que ouro, mais do que ouro refinado,
 mais doces do que o mel, mel que escorre dos favos.

11 Com eles teu servo se esclarece;
e grande proveito há em observá-los.
12 Quem pode discernir os próprios erros?
Purifica-me das faltas escondidas.
13 Guarda o teu servo da soberba; que ela não tenha domínio sobre mim.
Então serei íntegro e inocente de grande transgressão.
14 Que as palavras de minha boca e os pensamentos do meu coração sejam aceitáveis em tua presença, Ó Senhor, meu Rochedo e meu Redentor.

*Os céus proclamam a glória de Deus;
e o firmamento manifesta a obra de suas mãos.*

Os Céus Proclamam a Glória de Deus

Nestes dias prodigiosos em que vivemos, telescópios e sondas espaciais apresentam-nos, dia após dia, cada vez mais detalhada e surpreendentemente, as glórias da criação disseminadas com extraordinária prodigalidade através do tempo e do espaço. E, contudo, sabemos que estamos apenas tocando a bainha do manto de Deus. Os céus proclamam a glória de Deus. E ao mesmo tempo em que vamos para fora, olhamos para dentro: átomos, nêutrons, prótons, e cada vez mais profundamente. Mais prodígios! Mesmo que não tivéssemos a Torá, os Hagiógrafos, a Palavra de Deus, a criação ainda nos ofereceria uma vida inteira de leituras e mais ainda para nos deliciar e nos atrair para maravilhas cada vez maiores. Ainda necessitaríamos dos Salmos para nos dar as palavras que apenas começariam a expressar adequadamente nossa reação a esta mensagem de pujança e de um profundo amor. É surpreendente que alguém com mente aberta possa ficar contemplando um céu estrelado e deixar de sentir lá no fundo do seu ser a necessidade de adorar.

Ainda que maravilhosa a mensagem do céu noturno — mais apreciada agora que temos maiores conhecimentos desta e de outras galáxias — é a nossa grande estrela, o sol, que mais impressiona. A imponente marcha desse astro através do firmamento faz dele a digna imagem do Noivo de nossas almas, O Filho da Justiça, aquele que ilumina nossa vida com a mensagem do Amor e Desvelo Divinos com toda a benignidade da redenção que cura.

Ainda que poderosamente eloquente a proclamação do sol, da lua e das estrelas, eles não têm palavras nem linguagem, e a voz deles não é ouvida. De maneira que as reflexões do cantor jubiloso e grato voltam-se para a dádiva maior: a Palavra de Deus. Podemos dar a ela o nome que quisermos: Lei, Prescrição, Preceito, Mandamento, Edito, Decisão. É a perfeição. É restauração para a alma; sabedoria inabalável; alegria para o coração; iluminação para os olhos; é mais desejada do que ouro, mais do que ouro refinado; mais doce do que o mel. Queremos ser esclarecidos por ela, queremos observá-la e, contudo, não podemos permitir que a soberba se aposse de nós por causa de nossa observância. É nosso desejo agradecer ao Senhor por ter-nos dado o discernimento e a graça para apreciarmos sua dádiva preciosíssima e a determinação de observarmos tudo que isso nos ensina. Contudo, vem-nos à lembrança a parábola contada pelo rabino Jesus sobre o fariseu e o cobrador de impostos que subiram ao templo para orar. O fariseu agradeceu ao Senhor por todo o bem que praticava mas vangloriava-se disso: "Eu te agradeço por eu não ser ganancioso, injusto e adúltero como todos os outros, e especialmente por não ser como este cobrador de impostos. Jejuo duas vezes por semana, pago dízimos de todos os meus rendimentos". O cobrador de impostos simplesmente humilhou-se perante Deus: "Deus, tem piedade de mim, pecador". Este voltou para casa justificado (Lc 18,10-4). Quem pode discernir os próprios erros? Humildemente pedimos ao Senhor que nos purifique de nossas faltas escondidas — até mesmo as que estão ocultas de nós mesmos — e guarde-nos da soberba.

Este belíssimo Salmo termina com uma oração que faríamos bem acrescentar a cada Salmo que rezamos:

"Que as palavras de minha boca e os pensamentos de meu coração
sejam aceitáveis em tua presença, Ó Senhor, meu Rochedo e meu Redentor."

Nos Salmos, o próprio Deus, por meio do Espírito Santo, inspirando o coração do poeta, nos deu não apenas as palavras de que necessitamos para começar a louvar a Deus da maneira devida. O coração que está receptivo e ouvindo de fato, Deus o chama para a experiência que o capacita a derramar louvor inspirado como se fora seu. O Senhor nos redime de todos os nossos pecados e mesquinhez e torna-se para nós o Rochedo sólido sobre o qual podemos instalar uma base inabalável para uma vida de orações, unificada com a Palavra, dando a devida glória ao Deus a quem os céus e a criação inteira proclamam ser verdadeiramente digno de nossa deferência reverente.

Que o Senhor Te Ouça

Salmo 20

1 Que o Senhor te ouça no dia da angústia!
  Que o nome do Deus de Jacó te proteja!
2 Que Deus te envie socorro do santuário
  e te dê apoio desde Sião.
3 Que Deus se lembre de tuas ofertas todas
  e os teus holocaustos lhe sejam agradáveis.
4 Que Deus te conceda o que o teu coração deseja
  e realize todos os teus projetos
5 para que possamos regozijar-nos com a tua vitória
  e em nome de nosso Deus hastear pendões.
  Que o Senhor realize todos os teus pedidos!
6 Agora sei que o Senhor socorrerá seu ungido;
  e lhe responderá de seu santuário celeste
  e o salvará com a força de sua mão direita.
7 Uns confiam em carroças, outros em cavalos
  nós, porém, confiamos no nome do Senhor nosso Deus.
8 Nossos inimigos são abatidos e caem
  nós, porém, nos levantamos e nos mantemos de pé.
9 Ó Senhor, dá vitória ao Rei;
  responde-nos quando clamarmos.

*Uns confiam em carroças, outros em cavalos
nós, porém, confiamos no nome do Senhor nosso Deus.*

Que o Senhor Te Ouça

Muitas pessoas ainda existem neste mundo que dependem de cavalos de arado ou, pelo menos, de bois e mulas, e há pessoas que ainda utilizam carroças puxadas por cavalos. Podemos vê-las às margens de algumas das grandes rodovias americanas na Pensilvânia e em Missouri. Mas quando se trata do poderio das nações, dependemos mesmo dos produtos de nossas fábricas de armamentos e de laboratórios de pesquisas bélicas, de ciências da computação e de satélites. Mas qualquer destas atividades trouxe-nos paz e segurança? Agora, mais do que nunca, vivemos apavorados pelo terrorismo. Temos uma diversidade de planos e projetos minuciosos; construímos barreiras de toda espécie. Mas, no fim, continuamos angustiosamente conscientes de nossa vulnerabilidade. Se devemos nos levantar e ficar eretos e livres, temos de invocar o Senhor.

Enfrentamos as ameaças da Guerra Fria, os perigos das grandes potências comunistas. Algumas nações ainda "brincam" com armas de destruição em massa. Por todo o planeta, as guerras assolam nações. E é constante a ameaça de uma escalada. Atualmente enfrentamos as mais insidiosas incursões de terroristas que podem nos atacar em qualquer lugar e a qualquer momento. Como poderemos ter paz de espírito e de coração nestes dias de perplexidade?

Com o Salmista, levanta-se do coração do povo de Deus — do nosso coração — uma prece confiante. Devemos ser fiéis e dar a Deus a devida reverência na prece e no sacrifício, e sermos pessoas leais e gratas. Em consequência, não apenas conseguiremos clamar vitória, mas o Senhor, o Todo Bondoso, o Todo Misericordioso, nos concederá os anseios do nosso coração; ele atenderá todas as nossas súplicas; ele trará a paz a este mundo, onde todos poderão viver juntos em harmonia e gratidão como uma só família sob Deus.

A fé, naturalmente, é o fator decisivo — a fé confiante. O Senhor nos socorrerá; ele nos ouvirá de seu santuário celeste e nos salvará com a força de sua mão direita. Se permitirmos que o Espírito Santo que educou o coração do Salmista eduque o nosso coração, poderemos orar com a confiança que traz a paz: "Nós confiamos no nome do Senhor". Outra pena inspirada escreveria mais tarde: "Para aqueles que amam a Deus, todas as coisas se unem para conduzir ao bem". Há ocasiões em que nosso único refúgio está na fé e na confiança.

Oremos com confiança resoluta. "Sei que o Senhor socorrerá — ele responderá de seu santuário celeste e salvará com a força de sua mão direita."

Ó Senhor, responde quando clamarmos!

Do Senhor é a Terra

Salmo 24

1 Do Senhor é a terra e o que nela existe,
  o mundo e os que nele habitam.
2 Pois o Senhor fundou-a sobre os mares,
  e firmou-a sobre os rios.
3 Quem subirá a montanha do Senhor?
  Quem se postará no Lugar Santo?
4 Aquele que tem mãos inocentes e coração puro,
  que não adora ídolos falsos, nem faz juramentos para enganar.
5 Este receberá a bênção do Senhor
  e justiça do Deus de nossa salvação.
6 Esta é a geração dos que buscam o Senhor,
  que buscam a face do Deus de Jacó.
7 Levantem, ó portas, as vossas cabeças! Elevem-se, portais antigos!
  E entrará o Rei da glória.
8 Quem é este Rei da glória?
  O Senhor forte e poderoso, o Senhor poderoso nas batalhas.
9 Levantem, ó portas, as vossas cabeças! Elevem-se, portais antigos!
  E entrará o Rei da glória.
10 Quem é este Rei da glória?
  O Senhor dos exércitos, ele é o Rei da glória.

Quem subirá a montanha do Senhor?
Quem se postará no Lugar Santo?
Aquele que tem mãos inocentes e coração puro.

Do Senhor é a Terra

Mesmo antes de Moisés ter subido ao Monte Sinai (lembram-se da malfadada tentativa de construir-se uma torre para o céu em Babel no Gênese 11,4-8?) mas com certeza desde que o Legislador esteve no alto dessa montanha, pensamos sempre em subir a lugares elevados para encontrar o Deus vivo. Cristo parece confirmar isso. Ele sobe o monte para dar início à própria proclamação de que o reino de Deus está próximo (Mt 5,1). Posteriormente ele leva Pedro, Tiago e João ao alto de uma elevação, que hoje identificamos como o Monte Tabor, a fim de torná-los mais fortes com a revelação de sua glória, conduzindo-os para dentro da nuvem da Divina Presença. Apesar de prodigiosa a experiência, os três discípulos quedaram-se caídos com o rosto no chão em temerosa reverência. Contudo, o embate da Nova Aliança ainda estava por vir, conforme o grande Legislador e o grande Profeta da Aliança Hebraica lembraram a Jesus neste momento de glória no Tabor. O Filho, de quem Deus muito se agradava, tinha ainda de enfrentar a ira de Deus, não com trovões e raios como aconteceu com Moisés no Sinai, mas na brutalidade e trevas do Monte Calvário.

"Quem subirá à montanha do Senhor? Quem ficará no Lugar Santo?" Moisés, de fato, tinha mãos inocentes e um coração puro e compassivo como Cristo. Se vamos subir às alturas, espiritualmente mais do que fisicamente, para sentir a experiência do Deus vivo e conhecer o amor de Deus que tudo abrange, nós também devemos ter as mãos inocentes e um coração puro.

De fato, "do Senhor é a terra e o que nela existe, o mundo e os que nele habitam". Não é necessário deixar o mundo e subir a uma montanha. O Senhor está presente em toda parte. Se tivermos mãos inocentes e corações puros poderemos ver o Senhor na terra e no mar, tanto quanto no alto de uma montanha. "Bem-aventurados os puros de coração, porque verão a Deus" (Mt 5:8).

Mas a escalada que enfrenta aquele que sobe, a canseira exigida de Moisés no Sinai e dos outros três no Tabor simboliza o esforço que nós, pobres pecadores, temos de empreender para alcançar tal pureza. Com efeito, a altura perde-se nas nuvens; a nuvem desce como fez no Sinai para envolver Moisés e no Tabor para envolver os três discípulos. Para deparar com o Senhor temos de estar dispostos a abandonar, pelo menos momentaneamente, toda preocupação pelas coisas terrenas. Temos que ser "da geração dos que buscam o Senhor, que buscam a face do Deus de Jacó".

E mais, temos de estar dispostos a nos abrir totalmente à invasão divina, não importa o medo que isso possa evocar em nosso pequenino eu que ainda tenta ser senhor da situação. Pedro Disse: "Senhor, é bom estarmos aqui!" enquanto ainda pensava que pudesse assumir o controle e fazer alguma coisa: "... vou fazer aqui ..." Mas dentro da nuvem só podemos nos render ao Temor Reverente. Temos de fazer o que nos é possível: levantar a cabeça e tornar-nos receptivos para o Senhor. Mas compreendendo nossa impotência, temos de nos deixar ser elevados e ficarmos totalmente abertos, de maneira que o Rei da glória, o Senhor forte e poderoso, o Senhor poderoso nas batalhas, possa entrar.

À medida que rezamos esse Salmo, poderemos nos sentir ainda no sopé da montanha, com a longa subida e a elevação encoberta à nossa frente. É necessário que elevemos nossa esperança e nosso desejo de iniciar a jornada. Os Salmos colocam um forte cajado em nossas mãos. Se nos apoiarmos neles em meditações diárias, nossa força não se debilitará. Manteremos nossas mãos inocentes e buscaremos um coração puro e resolutamente subiremos a montanha do Senhor e nos postaremos no Lugar Santo.

Faze-me Justiça, ó Senhor

Salmo 26

1 Faze-me justiça, ó Senhor, pois ando em minha integridade.
   Eu confio no Senhor sem vacilar.
2 Examina-me, ó Senhor, e põe-me à prova;
   sonda o mais profundo do meu ser e meu coração.
3 Pois a tua benignidade tenho-a sempre perante os olhos
   e caminho na tua verdade.
4 Não me sento com os impostores,
   nem caminho com os hipócritas.
5 Detesto a assembleia dos maus,
   e com os ímpios não me sento.
6 Lavo as mãos na inocência
   e assim andarei, Senhor, ao redor do teu altar,
7 para entoar em voz alta os louvores
   e proclamar as tuas maravilhas todas.
8 Senhor, eu amo a casa em que tu habitas,
   o lugar onde reside a tua glória.
9 Não juntes minha alma com os pecadores,
   nem minha vida com assassinos
10 em cujas mãos reside a infâmia;
   a mão direita deles está cheia de subornos.

11 Quanto a mim, ando na minha integridade.
    Resgata-me e tem compaixão de mim.
12 Meu pé está firme no reto caminho,
    nas assembleias bendirei o Senhor.

Nas assembleias bendirei o Senhor.

Faze-me Justiça, ó Senhor

"$\mathcal{N}$as assembleias bendirei o Senhor."
Diversas vezes ao dia e uma vez à noite junto-me ao coro de minha comunidade e entoamos estes cantos do Senhor, intensos e plenos de graça. Mas é uma situação que exige algo mais que simples presença física na reunião. De fato, minha presença na comunidade é necessária — uno em mente e coração com os que a compõem, minhas irmãs e irmãos. Preciso ter uma profunda percepção de que, ao estarmos perante Deus, o Todo-poderoso vê um Povo, o Povo Escolhido de Deus estritamente uno sob a liderança do Cristo. Não estamos solitários perante o Senhor. Somos o seu povo, as ovelhas de seu rebanho.

Mas o que significa bendizer o Senhor? Bendizemos uns aos outros quando invocamos as bênçãos de Deus sobre nós e outros e sobre tudo que temos e usamos. Mas certamente não é desta maneira que bendizemos o Senhor. Não. Bendigo o Senhor quando louvo o Senhor, agradeço ao Senhor e reconheço o Senhor como a causa de tudo que existe. Não basta fazer isso apenas em palavras, não importa quão sacras ou inspiradas sejam elas — nem mesmo os próprios Salmos. É necessário que este bendizer seja fruto de uma vida íntegra. Meu caminho precisa ser de fidelidade e devo lavar minhas mãos na inocência. Então, verdadeiramente poderei bendizer o Senhor e "entoar em voz alta os louvores e proclamar as tuas maravilhas todas."

Devo confessar que é com grande temor e apreensão que ouso dizer: "Faze-me justiça, ó Senhor". Não consigo dizer: "andei em minha integridade". Demasiadas lembranças dolorosas levantam-se para acusar-me. "Sou um homem pecador, filho de uma mulher pecadora." (Sl 51,7). Conheço o fardo de minha culpa e ele pesa sobre mim porque não confiei no Senhor sem vacilar. Justificadamente tremo à medida que oramos: "Examina-me, ó Senhor, e põe-me à prova; sonda o mais profundo do meu ser e meu coração". Sei onde falhei com relação a amor e fidelidade inabaláveis. Mas há um fato importante que faz toda a diferença, que me permite ter a coragem de orar: "Faze-me justiça, ó Senhor". "A benignidade de Deus tenho-a sempre perante os olhos." Temos um Redentor. Essa é a verdade segundo a qual vivemos agora. Com o Salmista podemos bradar a cada momento: "Agora eu começo". (Sl 76,10 Vul.). Podemos deixar todos os fardos do passado serem removidos de nossos ombros e serem assumidos pelo Crucificado. Podemos ser purificados — não apenas minhas mãos mas todo o meu ser — no sangue do Inocente. Doravante evitarei a assembleia dos maus; não me sentarei com os ímpios.

Somos chamados para isto: unirmo-nos à assembleia na Jerusalém eterna e bendizer o Senhor; render louvores incessantes a Deus com o testemunho de uma vida irrepreensível, vida irrepreensível graças à benignidade de Deus, nosso Redentor. Mesmo agora já nos preparamos para isso e, até certo ponto, iniciamo-nos nisso quando nos reunimos para bendizer o Senhor. Eis por que amo a casa onde o Senhor habita, a sede de sua glória. Ele assegurou: "Onde estiverem dois ou três reunidos em meu nome, ali estou no meio deles". (Mt 18,20). Resgatado pela benignidade de Deus, unido à assembleia que é seu Povo Eleito, posso orar ali: "Faze-me justiça, ó Senhor", pois ando agora na integridade amparada e presenteada por Deus. Justificadamente, entoarei em voz alta os louvores e proclamarei as tuas maravilhas".

"Nas assembleias bendirei o Senhor."

O Senhor é Minha Luz

Salmo 27

1 O Senhor é minha luz e minha salvação; de quem terei medo?
  O Senhor é a fortaleza de minha vida; a quem temerei?
2 Quando os malfeitores avançam contra mim para devorar
    a minha carne,
  São eles, meus adversários e meus inimigos, que tropeçam e caem.
3 Ainda que um exército acampe contra mim, meu coração não temerá;
  ainda que eles façam guerra contra mim, mesmo assim estarei confiante.
4 Uma coisa pedi ao Senhor; isto buscarei: que eu possa habitar na casa do
    Senhor todos os dias de minha vida,
  para contemplar a beleza do Senhor e permanecer em seu Templo.
5 Pois no dia da adversidade ele me ocultará no seu pavilhão;
  no recôndito do seu tabernáculo ele me ocultará;
  e me elevará sobre uma rocha.
6 Então minha cabeça se erguerá sobre meus inimigos que me cercam.
  No tabernáculo do Senhor oferecerei sacrifícios de júbilo;
  Cantarei, sim, e entoarei louvores ao Senhor.
7 Ouve, ó Senhor, meu grito de apelo!
  Compadece-te de mim e responde.
8 Quando disseste: "Busca minha face",
  meu coração respondeu-te: "Buscarei, Senhor, a tua face".
9 Não me escondas, Senhor, a tua face;
  não rejeites com ira o teu servo.

Tu és o meu socorro;
não me recuses, nunca me desampares, ó Deus de minha salvação.
10 Ainda que meu pai e minha mãe me desamparem,
o Senhor me acolherá.
11 Ensina-me, Senhor, o teu caminho,
e guia-me por vereda plana por causa de meus inimigos.
12 Não me entregues à vontade de meus adversários;
pois contra mim levantam-se falsas testemunhas, exalando crueldade.
13 Eu não teria sobrevivido se não acreditasse
que veria a bondade do Senhor na terra dos viventes.
14 Serve ao Senhor; tem bom ânimo, e ele fortalecerá teu coração.
Serve, digo eu, serve ao Senhor!

*Ainda que um exército acampe contra mim,
meu coração não temerá;
ainda que eles façam guerra contra mim,
mesmo assim estarei confiante.*

O Senhor é Minha Luz

Este é meu Salmo favorito. Fala de maneira absolutamente pessoal a mim e à minha vida, e ressoa de maneira extremamente profunda em meu coração. É a história de minha vocação: "Quando disseste, 'Busca minha face', meu coração respondeu-te: 'Buscarei, Senhor, a tua face.'" A mais íntima e profunda oração que brota de meu coração: "Não me escondas a tua face; não rejeites com ira o teu servo".

Devido a graves complicações de saúde, nasci prematuramente e minha mãe não pôde cuidar de mim. Psicólogos me asseguraram que esta provação de carinho materno marcou toda minha vida. Quando meu pai morreu, eu era muito pequeno, e, como qualquer criança, senti essa separação como um abandono. "Ainda que meu pai e minha mãe me desamparem, o Senhor me acolherá". Numa etapa posterior da minha vida "contra mim levantam-se falsas testemunhas". De fato, "Eu não teria sobrevivido se não acreditasse que veria a bondade do Senhor na terra dos viventes". Agora vivo sob a tutela de um grande mestre espiritual, Bento de Núrsia. Eis as últimas palavras que esse grande santo escreveu: "Pela paciência compartilhamos a paixão de Cristo" — e chegamos à glória de sua ressurreição. Assim, "serve ao Senhor; tem bom ânimo, e ele fortalecerá teu coração. Serve, digo eu, serve ao Senhor!"

Esse Salmo faz lembrar um dos primeiros grandes dias do futuro rei Davi, suposto autor dos Salmos mais antigos. Um exército israelita pequeno e fraco permanecia trêmulo face a forças filisteias superiores. Com arrogante jactância os pagãos desafiavam os Escolhidos de Deus. Só o jovem inspirado estava pronto para enfrentar o poderio do inimigo. "Ainda que um exército acampe contra mim, meu coração não temerá; ainda que eles façam guerra contra mim, mesmo assim estarei confiante." Colocando sua confiança não em espadas ou lanças, mas em sua força e habilidade recebidas de Deus, Davi, com o auxílio do Senhor e com destemor matou o grande fanfarrão do inimigo e fez o desalentado exército fugir em desordenada correria. "O Senhor é minha luz e minha salvação; de quem terei medo? O Senhor é a fortaleza de minha vida; a quem temerei?"

E o que buscava esse jovem em sua pureza de coração? "Uma coisa pedi ao Senhor; isto buscarei: que eu possa habitar na casa do Senhor todos os dias de minha vida, para contemplar a beleza do Senhor e permanecer em seu Templo."

É humilde a oração que ele nos dá aqui. Ainda que tenha se saído potente e vitorioso, ele brada por piedade, por socorro. "Não me recuses, nunca me desampares, ó Deus de minha salvação." E ele ora com confiança, "Ainda que meu pai e minha mãe me desamparem, o Senhor me acolherá". De fato, este inspirado homem da Aliança do Sinai parece ultrapassar sua época e revelação e depositar fé na vida eterna: "Eu não teria sobrevivido se não acreditasse que veria a bondade do Senhor na terra dos viventes". O Deus de seu coração havia lhe dito, "Busca minha face", e ele respondeu, "Buscarei, Senhor, a tua face. Não me escondas a tua face." E com total confiança, sábio e lírico, ele nos aconselha, "Serve ao Senhor; tem bom ânimo, e ele fortalecerá teu coração. Serve, digo eu, serve ao Senhor!"

Podemos ser fortes e audazes e cheios de esperança quando nosso coração é puro e buscamos uma única coisa: viver na casa do Senhor todos os nossos dias, na casa de sua boa vontade, no seu amor, no abraço de sua Presença amorosa.

Senhor, tu me dizes: "Busca minha face". E de todo o meu coração digo-te: "Buscarei, Senhor, a tua face". Tu és minha luz, o farol do amor manso, intenso e ardente que diz: "Anseio por ti". E todo o meu ser, vazio, faminto, sedento, ansioso busca apenas isto, sua Luz do Amor que concede satisfação absoluta.

Eu Te Exaltarei, ó Senhor

Salmo 30

1 Eu te exaltarei, ó Senhor, porque tu me livraste
 e não deixaste meus inimigos rirem de mim.
2 Ó Senhor, meu Deus, clamei a ti e me curaste.
3 Ó Senhor, tiraste do túmulo a minha alma,
 preservaste-me a vida para que eu não descesse à sepultura.
4 Cantai ao Senhor, vós que sois seus santos,
 e dai graças ao seu santo nome.
5 Porque a sua ira dura um instante, e sua benevolência
  dura a vida inteira;
 ao anoitecer pode vir o pranto, mas a alegria vem pela manhã.
6 Dizia eu em minha ventura: "Jamais me comoverei".
7 Senhor, pela tua benevolência
  fizeste-me rijo como uma montanha;
 mas quando ocultaste tua face, fiquei perturbado.
8 Por ti, Senhor, clamei;
 ao Senhor implorei:
9 "Que proveito virá de meu sangue quando eu
  baixar à cova?
 Louvar-te-á, por ventura, o pó?
 Anunciará ele tua fidelidade?

10 Ouve, Senhor, e tem compaixão de mim;
   Senhor, sê meu protetor!"
11 Converteste o meu luto em dança;
   tiraste a minha roupa de penitência e me cingiste de alegria,
12 para que eu te cante louvores e não me cale.
   Senhor, Deus meu, graças te darei eternamente.

Converteste o meu luto em dança;
tiraste a minha roupa de penitência e me cingiste de alegria.

Eu Te Exaltarei, ó Senhor

Há esses momentos, momentos maravilhosos, quando todos os fardos da vida parecem desaparecer subitamente. Acontece até mesmo quando estou profundamente pesaroso e o Senhor com seu amor e misericórdia subitamente alcança-me com sua mão. Que significa isso? Na verdade, não sei. Mas Deus em sua benignidade dá alegria até mesmo às profundezas do meu pesar, a todo o meu ser. Por um momento sei que Deus é Deus e Deus é meu Deus.

Deus é alegria, alegria beatífica. É para Deus que existo. Deus nos fez para conhecermos Deus; para isso temos um intelecto de infinita capacidade. Assim, nada mais desejamos que ser unos com Deus, servir a Deus, ser úteis ao grande projeto de criação de Deus que não tem outro objetivo ou finalidade senão fazer-nos compartilhar a alegria do Senhor.

Se houver qualquer sofrimento — e terá alguma vez havido sofrimento tão grande como o do próprio Deus na Paixão e morte de Jesus? — tudo se deve a não termos acreditado na benignidade do Criador. Imaginando que conhecíamos melhor do que Deus o caminho para nossa felicidade, agimos nesta conformidade. E continuamos a não acreditar e a nos aventurar por caminhos que conduzem à dor e à morte.

Quando despertamos de nossa insensatez, quando nos voltamos para Deus, quando vestimos nossa roupa de penitência, Deus a tira com amor inflexível e nos cinge de alegria! Por quê? Para que possamos cantar louvores a Deus e não nos calemos. É no louvor jubiloso que encontramos nossa satisfação. "Cantai ao Senhor, vós que sois seus santos, e dai graças ao seu santo nome."

Queremos exaltar o Senhor, entoar-lhe louvores. Ele nos tirou do nada e nos deu o ser e a vida. "Cantai ao Senhor, vós que sois seus santos, e dai graças ao seu santo nome. Porque a sua ira dura um instante, e a sua benevolência dura a vida inteira." Basta voltarmo-nos para Deus e a noite tenebrosa do pecado com seu pranto transforma-se na alegria matinal.

Para nós, o Evangelho da Alegria, a Boa Nova, é difícil de aceitar. Tamanha bondade gratuita não se coaduna com a experiência humana habitual. Uma alegria irrestrita parece ser a sina de tolos divorciados da realidade, não a condição daqueles que vivem neste mundo tão caracterizado pela malícia humana e fatalidades naturais. (Talvez não tão naturais — possivelmente algum dia venhamos a entender que todos os pseudodesastres naturais resultam da maneira como temos maltratado a natureza com nosso domínio falho e interesseiro.) Mesmo ao contemplarmos o crucifixo: este é o Filho muito amado do Pai em quem ele se compraz. Como acreditar que este é o Deus da Alegria que nos fez para sermos alegres, que tira nossa roupa de penitência e nos cinge de alegria? A resposta acha-se sempre mais além. Por trás do Calvário está o Jardim onde o Éden foi purificado na Ressurreição. Por trás de toda crucificação, mesmo nesta superlativamente amarga, é depois da colina que se encontra a alegria que jaz além de toda esperança. É só na medida em que conhecemos o sofrimento doloroso e obrigatório do Calvário que podemos conhecer a exuberante alegria transformadora da Páscoa. A promessa de uma Terra Prometida só foi cumprida através da escravidão no Egito e da Páscoa dos Judeus. O final, se estivermos dispostos a permitir que o Verbo molde e eduque nossos corações, é sempre o cumprimento de todas as promessas do Éden, de Noé, de Abraão e do próprio Cristo — uma participação completa na alegria infinita do Senhor.

Aqui não há lugar para a soberba. Em tempos venturosos não ousamos dizer: "Jamais me comoverei". Desde que humildemente nos lembrarmos do fato de que é pela benevolência do Senhor que nos mantemos inabaláveis, nós nos manteremos inabaláveis. Se o Senhor ocultar a sua face, ficaremos perturbados e pior ainda. Contudo, Deus está sempre pronto a ouvir nosso grito de socorro e ser clemente, no pleno sentido da palavra. Pela graça de Deus somos resgatados de todas as nossas leviandades e somos conduzidos à alegria que Deus sempre deseja para nós. Entoemos, pois, louvores ao Senhor e não nos calemos. Sejamos eternamente gratos ao nosso Deus.

Bendirei o Senhor

Salmo 34

1 Bendirei o Senhor continuamente; seu louvor estará sempre na minha boca.
2 No Senhor se glorificará a minha alma; os humildes o ouvirão e se alegrarão.
3 Engrandecei o Senhor comigo, juntos exaltemos o seu nome.
4 Busquei o Senhor e ele me acolheu e livrou-me de todos os meus temores.
5 Contemplai o Senhor e sereis iluminados; e jamais sereis envergonhados.
6 Este aflito clamou e o Senhor o ouviu e o livrou de todas as suas angústias.
7 O anjo do Senhor acampa ao redor dos que o temem, e os liberta.
8 Provai e vede como o Senhor é bom; bem-aventurado o homem que nele se refugia!
9 Temei o Senhor, vós os seus santos! Pois nada falta aos que o temem.
10 Os ricos sofrerão necessidade e passarão fome, mas os que buscam ao Senhor bem nenhum lhes faltará.
11 Vinde, filhos, ouvi-me; eu vos ensinarei o temor do Senhor.
12 Quem de vós deseja a vida e quer longevidade para gozar bens?
13 Preservai do mal vossa língua e da mentira os vossos lábios.
14 Evitai o mal e praticai o bem; procurai a paz e segui-a.

15 Os olhos do Senhor repousam sobre os justos e os seus
   ouvidos estão abertos ao clamor deles.
16 O rosto do Senhor está contra os que praticam o mal, para
   apagar da terra a sua memória.
17 Clamam os justos e o Senhor os escuta, e os livra de
   todas as angústias.
18 Perto está o Senhor dos que têm o coração amargurado
   e salva os de espírito oprimido.
19 Muitas são as aflições dos justos,
   mas o Senhor de todas os livra.
20 O Senhor preserva-lhes todos os ossos; nem um deles sequer
   se quebrará.
21 O mal causa a morte do injusto e os que odeiam os justos
   serão condenados.
22 O Senhor resgata seus servos; dos que nele confiam nenhum
   será condenado.

*Preservai do mal vossa língua
e da mentira os vossos lábios.*

Bendirei o Senhor

A sabedoria nos convoca: "Vinde, filhos, ouvi-me; eu vos ensinarei o temor do Senhor". A convocação é para aqueles de nós que desejam a vida, que querem estar verdadeiramente vivos no Senhor para desfrutar dias que não terão fim, para desfrutar o Bom — ninguém é bom senão um só, que é Deus (Lc 18,19).

Eis a maneira de conseguir o que buscamos: "Preservai do mal vossa língua e da mentira os vossos lábios". Tiago, o irmão do Senhor, escreveu para as primeiras comunidades cristãs: "Aquele que não peca no falar é realmente o homem perfeito, capaz de refrear todo o corpo" (Tg 3,2). Seria mais fácil, na verdade, cobrir a boca com as mãos e nunca pronunciar uma palavra. "Conhecem-se os sábios pela escassez de suas palavras." Mas até mesmo os sábios têm de dizer alguma coisa. E essas palavras devem ser cuidadosamente vigiadas. É muito fácil cometer um exagero, dar falsa interpretação à verdade, enfeitar a história, mesmo quando não temos a intenção de mentir.

Não conseguiremos esquivar-nos ao mal se não tivermos uma paixão para fazer o bem, se não buscarmos a paz verdadeiramente e não formos em seu encalço imbuídos de um compromisso sincero. Paz é a tranquilidade que penetra em nosso coração quando nossas vidas estão bem ordenadas. Quando nos esforçamos nesse sentido, os olhos do Senhor estarão sobre nós e seus ouvidos estarão abertos para o nosso clamor. A paz chega às nações quando a justiça prevalece. Enquanto a injustiça predominar não poderá haver paz dentro das nações ou entre as nações. A justiça tem de começar com o reconhecimento de que Deus é Deus, Senhor e Criador de tudo que existe. Somos todos intendentes que receberam responsabilidade de cuidar da criação e de compartilhar dessa criação de uma maneira que dê a cada pessoa pelo menos uma oportunidade sensata de viver uma vida totalmente humana — de que uma certa igualdade prevalece entre os beneficiários das dádivas de Deus. Deus nos livrará de todos os nossos infortúnios. Deus estará próximo de nós quando estivermos amargurados e com o espírito oprimido. Provavelmente teremos de sofrer muito, mas Deus nos livrará de tudo. Nunca estaremos perdidos.

Por obra poderosa do Espírito Santo que os inspirou e através deles nos inspira, os Salmos moldam em nossa mente e em nosso coração as atitudes que são dignas dos Escolhidos e são conducentes à plenitude da vida à qual somos chamados. Justificadamente o Salmista inicia o seu Salmo falando de uma relação com Deus. Pois é só quando nosso relacionamento com Deus está como deve ser que nosso relacionamento para com nosso próximo será de verdade, de justiça e de paz.

A Deus vão o devido louvor, gratidão e reconhecimento de que Ele é a origem de tudo — a Deus pertencem a glória e a honra. De Deus aprendemos a ordem verdadeira das coisas, contamos com o Senhor e somos iluminados. Conheceremos o devido temor e a reverência, reverência que se estenderá a toda a criação de Deus — a verdadeira base da justiça.

Mas o projeto de Deus para nós é muito mais do que isso. "Provai e vede." Deus quer que experimentemos, de uma maneira muitíssimo humana e pessoal, a bondade de Deus. Mais do que a audição ou a visão, o tato ou o olfato, o paladar leva a experiência ao interior da pessoa. Quando somos levados a assim provar a bondade de Deus, segue-se, então, quase necessariamente, completa confiança junto com um desejo irrestrito de abraçar a divina ordem das coisas, o manancial e critérios supremos da justiça e da paz.

Se provarmos e verificarmos quanto Deus é bom, verdadeiramente bendiremos o Senhor continuamente. Preservaremos do mal nossa língua; procuraremos a paz e a seguiremos. Nosso desejo pela vida será realizado em toda sua plenitude; desfrutaremos o Bom, nosso bom Deus.

Assim como o Cervo Anseia

Salmo 42

1 Assim como o cervo anseia por águas correntes,
  assim a minha alma anseia por ti, ó Deus.
2 Minha alma tem sede de Deus, do Deus vivo;
  quando beberei na Presença de Deus?
3 Minhas lágrimas têm sido meu alimento dia e noite,
  enquanto me dizem todos os dias: "Onde está
    o teu Deus?"
4 Lembro-me destas coisas enquanto derramo minha alma
    dentro de mim mesmo:
  Eu avançava com a multidão;
  Eu a guiava à casa de Deus
  entre gritos de alegria e louvor,
  a multidão em coro festivo.
5 Por que estás abatida, ó minha alma? E por que
    estás inquieta?
  Espera em Deus, pois ainda o louvarei,
    meu auxílio, meu Deus presente.
6 Ó meu Deus, minha alma está abatida dentro em mim
    porque me lembro de ti.
  desde a terra do Jordão e do Hermon, desde
    o monte Mizar.

7 Um abismo chama outro abismo ao fragor de tuas cataratas;
    todas as tuas vagas e as tuas torrentes passaram sobre mim.
8 Durante o dia, o Senhor concede a sua misericórdia
    e à noite comigo está o seu cântico.
    Minha oração é ao Deus da minha vida.
9 Direi a Deus, meu Rochedo, "Por que te esqueceste de mim?
    Por que ando pesaroso sob a opressão do inimigo?"
10 Sou como alguém em quem entranharam uma espada;
    meus inimigos me insultam, repetindo todo o dia: "Onde
        está o teu Deus?"
11 Por que estás tão abatida, ó minha alma? E por que
        estás inquieta dentro de mim?
    Espera em Deus, pois ainda o louvarei, meu Auxílio,
        meu Deus presente.

*Assim como o cervo anseia por águas correntes,
assim a minha alma anseia por ti, ó Deus.*

Assim como o Cervo Anseia

A maioria de nós provavelmente nunca viu um cervo com sede. Mas depois de termos visto um cão sedento e tendo experienciado numa ocasião ou em outra o desespero de nossa própria sede, a imagem nos diz alguma coisa. Contudo, é apenas uma imagem que nos pressagia uma sede mais profunda que todos sentimos, mas com a qual, infelizmente, nem sempre estamos em contato ou conseguimos identificar. É a sede intensa que sentimos, que provém das profundezas do nosso ser: a sede de Deus. Talvez a percebamos e experimentemos mais como uma inquietação; nas palavras de Santo Agostinho: "Nossos corações são feitos para ti, ó Senhor, e eles não repousarão até que repousem em ti". É só quando estamos dispostos a renunciar a todas as nossas atividades e esforços obstinados, pelo menos por algum tempo, e procuramos repousar tranquilamente perante o Senhor, que sentimos o quanto ansiamos pelo Deus vivo. É aí que este Salmo levanta-se das profundezas do nosso ser: "Um abismo chama outro abismo…"

"Lembro-me" — sim, de maneira muito viva — lembro-me: "Eu avançava com a multidão, eu a guiava à casa de Deus, ente gritos de alegria e louvor, a multidão em coro festivo". Dentre algumas de minhas lembranças mais felizes estão as dos grandes momentos litúrgicos, momentos em que eu celebrei as bênçãos especiais de Deus em minha vida: minha ordenação como monge, minha bênção como abade, o jubileu de minha ordenação. E os momentos em que simplesmente celebramos a grande bondade de Deus propriamente, os mistérios de Cristo e a efusão do Espírito Santo.

Quando meu coração tiver sido educado pelo Senhor através da inspiração de seu inspirado cantor, o sacro Salmista — será aí, então, que "minha oração é ao Deus de minha vida".

Isso não significa negar a ocorrência de noites verdadeiramente tenebrosas, quando Deus parece estar muito longe ou quase não existir. Então, junto com o Salmista, brado a Deus: "Por que te esqueceste de mim? Por que ando pesaroso sob a opressão do inimigo?" Pensamentos e sensações opressivos envolvem-me na vacuidade. O pior que se alega contra mim é bradado em meu interior por meu próprio espírito, tão violentamente que parece uma espada entranhada em mim. Então, pela graça de Deus, compreendo que devo desafiar minha própria alma: "Por que estás abatida, ó minha alma? E por que estás inquieta dentro de mim?" Fé e ação do espírito, das profundezas de meu interior, tornam a ordem do Salmo para mim num Verbo veemente e com poderes: "Espera em Deus". Sob a influência vigorosa do Verbo vivo que me dá palavra e espírito nesses mistérios inspirados: "Ainda louvarei a Deus, meu Auxílio, meu Deus presente". Sim, Deus está presente, verdadeiramente presente dentro de mim quando permito que os Salmos tornem-se minha palavra e meu cântico.

Esta oração provém dos mais íntimos recessos do meu ser. Sintetiza minhas aspirações mais profundas. É uma oração plena de esperança que anseia por preenchimento. É apenas uma questão de tempo até que todas as minhas aspirações e sede sejam mitigadas, e eu beberei na Presença de Deus.

Na entrada da sede de Madre Teresa em Calcutá, havia uma grande imagem do Crucificado pintada na parede com a legenda: "Tenho sede", para lembrar a todos que não somos nós apenas que ansiamos. Deus tem sede, anseia por nós e por nosso amor. Simultaneamente, Madre Teresa havia aduzido ao quadro as palavras: "Eu sacio". Numa torrente que brota do coração perfurado de Cristo acharemos a água corrente pela qual anelamos, a expressão humana mais plena e mais completa do Amor que é Deus. Disse Jesus aproveitando um ensejo: "Quem beber desta água tornará a ter sede" (Jo 4,13). Que tenhamos sempre sede, na verdade, da água corrente que é o Deus vivo.

Deus é Nosso Refúgio e Força

Salmo 46

1 Deus é nosso refúgio e força, socorro bem presente
   em tempos adversos.
2 Portanto, não temeremos ainda que a terra se transtorne,
   ainda que as montanhas tombem no seio dos mares,
3 ainda que as águas troem e se agitem,
   ainda que as montanhas estremeçam ao seu embate.
4 Há um rio, cujas correntes alegram a cidade de Deus,
   o santuário do tabernáculo do Altíssimo.
5 Deus está no meio dela, jamais será derrubada;
   Deus a socorrerá ao romper da manhã.
6 Os gentios esbravejaram, reinos são subvertidos;
   Deus levanta sua voz, a terra se dissolve.
7 O Senhor dos exércitos está conosco; o Deus de Jacó
   é a nossa fortaleza.
8 Vinde, contemplai as obras do Senhor,
   vede que assolações ele efetuou na terra.
9 Ele põe fim às guerras no mundo inteiro;
   quebra o arco e despedaça a lança;
   ateia fogo nos carros.
10 Aquietai-vos e sabei que sou Deus;
   excelso sobre as nações,
   excelso na terra.
11 O Senhor dos exércitos está conosco; o Deus de Jacó
   é a nossa fortaleza.

Vinde, contemplai as obras do Senhor,
vede que assolações ele efetuou na terra.
Ele põe fim às guerras no mundo inteiro;
quebra o arco e despedaça a lança;
ateia fogo nos carros.

Deus é Nosso Refúgio e Força

A princípio, isso poderia incitar medo. Tanto fogo, tantos destroços, tanta devastação. Algo está chegando ao fim.

É provável que o Senhor não queime carros de fato em nossos dias. Mas muito necessitamos que o auxílio do Senhor acolha nossos corações, apesar de nossos temores, de nossa responsabilidade de destruir todos os nossos armamentos e transformar toda a nossa assombrosa tecnologia em uma tecnologia de paz. A finalidade do nosso gênio criador é melhorar as condições de vida de todo ser humano, não provocar devastação e extermínio. Uma mudança dessa ordem é absolutamente essencial se pretendemos preservar nosso planeta como um ambiente saudável e propício à manutenção da vida. Quem dera pudéssemos realmente cantar: "Ele põe fim às guerras no mundo inteiro". Mas enquanto estivermos empenhados em produzir armas incrivelmente destrutivas e fazer guerra contra nossas irmãs e irmãos utilizando nosso livre-arbítrio e os férteis recursos que Deus nos deu em talento humano e reservas naturais, não estaremos aptos a contemplar os trabalhos do Senhor. Pelo contrário, veremos apenas nuvens de fumaça levantando-se das ruínas, o horror do cogumelo atômico e o sempre crescente nevoeiro de fumaça de nossa poluição.

Hoje, depois do *tsunami* de dezembro de 2004, ao considerarmos este Salmo, não podemos impedir que caiam sobre nós com estrondo as cenas terríveis daquela tragédia e suas consequências: "a terra se transtorna ... e as montanhas tombam no seio dos mares ... suas águas troam e se agitam ... as montanhas estremecem ao seu embate". Fenômeno natural? Podemos discutir se nossas experiências atômicas, a mais recente delas realizada num atol do Pacífico Sul, não foram responsáveis por esse deslocamento cataclísmico das placas tectônicas da terra. Podemos nos perguntar, também, se tivéssemos usado nossa tecnologia com mais sabedoria, não poderíamos ter sistemas instalados para nos alertar sobre a ameaça iminente? Não poderíamos ter desenvolvido os meios para direcionar e amainar os grandes vagalhões marítimos antes que estes varressem as regiões costeiras povoadas?

"Há um rio, cujas correntes alegram a cidade de Deus" — quadro bem diferente, este. É o rio da graça divina, Ele nos exorta a "procurar a paz e segui-la" (Sl 34,14). Ouçamos o que o nosso Deus da paz faria: "Deus está no meio da cidade, ela jamais será derrubada. (Lembremo-nos das imagens das cidades nas praias de Sumatra e Sri Lanka.) Deus a socorrerá ao romper da manhã... O Senhor põe fim às guerras no mundo inteiro; ele quebra o arco e despedaça a lança; ele ateia fogo nos carros".

Deus está no lado de dentro — dentro de nossas cidades, de nossas comunidades e famílias, no interior de nossos corações. Voltemo-nos para o interior e façamos contato com este Deus poderoso que é um Deus de amor. Estabelecendo contato com o nosso eu verdadeiro, o eu que é uno com todos os outros, encontraremos uma paz que só pode rejubilar-se com o fato de que o Senhor ateia fogo em nossos carros de guerra, de que ele põe fim a guerras no mundo inteiro, de que ele necessita que usemos nosso talento para criar um mundo melhor para todos.

Enquanto procurarmos criar uma falsa identidade de poder e de posses, de nos engrandecer pela produção de armamentos; enquanto procurarmos exibir nossa força esmagando outros povos, mães e anciãos sábios poderão gritar: Paz! Paz! Mas não haverá paz. "O Senhor dos exércitos está conosco" — do nosso lado, mas nós não estamos do lado do Senhor. Não deveríamos nos surpreender, então, que a terra se transtorne, que as montanhas tombem no seio dos mares e que suas águas troem e se agitem. Vivemos e continuaremos vivendo com as consequências de nossa violência, de nossos abissais fracassos de não conseguirmos ser os intendentes eficientes da bela terra que o Senhor nos deu, uma terra tão delicadamente equilibrada que objetiva o favorecimento e a preservação da vida humana.

Sim, é tempo de nos aquietarmos e saber que Deus é Deus, "excelso sobre as nações, excelso na terra". Que o Deus da paz, realmente, destrua toda nossa propensão para a guerra e nos transforme a todos em caminhos para a paz. "O Senhor dos exércitos está conosco; o Deus de Jacó é a nossa fortaleza."

Dá Ouvidos à Minha Prece

Salmo 55a

1 Dá ouvidos, ó Deus, à minha prece,
   E não te escondas da minha súplica.
2 Dá-me atenção e responde-me.
   Sinto-me perplexo em minha angústia e perturbado
3 por causa do clamor do inimigo,
   e da opressão do ímpio,
     pois sobre mim lançam injúrias e furiosamente
       me hostilizam.
4 Meu coração se contorce dentro de mim
   e terrores mortais me assaltam.
5 Temor e tremor me sobrevêm
   e o horror se apodera de mim.
6 E grito: "Quem me dera tivesse eu asas como a pomba!
   Pois então eu sairia voando e acharia pouso.
7 Sim, fugiria para longe e permaneceria no deserto;
8 Me apressaria a abrigar-me do vendaval e da procela".
9 Desconcerta-os, Senhor, confunde a língua deles!
   pois vejo violência e contenda na cidade.
10 Dia e noite elas rondam sobre suas muralhas;
   E dentro dela campeiam iniquidade e aflição.
11 Dentro dela há perversidade;
   a fraude e a perfídia não se afastam de suas ruas...

22 Confia os teus cuidados ao Senhor e ele te susterá.
   Deus jamais permitirá que o justo seja abalado.
23 Tu, ó Deus, os precipitarás ao poço da perdição;
   homens sanguinários e fraudulentos não chegarão
      à metade de seus dias.
   Mas eu confiarei em ti.

Quem me dera tivesse eu asas como a pomba!

Dá Ouvidos à Minha Prece

Todos nós já tivemos momentos em que gostaríamos de fugir de todas as nossas preocupações. Nossos pensamentos talvez não fossem tão poéticos quanto os de nosso Salmista: "Quem me dera tivesse eu asas como a pomba", mas sem dúvida seria nosso desejo "sair voando e achar pouso".

Justificadamente, sentimo-nos horrorizados pelas imagens dos terríveis sofrimentos de nossas irmãs e irmãos que entram em nossos lares e em nossos corações. Jamais esqueceremos a devastação causada pelos *tsunamis* de dezembro de 2004, o ato de terrorismo de 11 de setembro ou os horrores diários infligidos às vítimas do terrorismo em todo o mundo. Mas não é necessário irmos tão longe ou ao passado. Em nossa sociedade da abundância, os ricos ficam mais ricos e os pobres mais pobres; as crianças padecem subnutrição e maus-tratos; os idosos vão para asilos; as vítimas de guerra são deixadas em hospitais de veteranos para aguardar pacientemente o que lhes resta de vida. Alguns crimes de colarinho branco são descobertos e punidos com complacência, mas na maioria dos casos, crimes desse tipo ridicularizam o provérbio que o crime não compensa. A desonestidade na política e nas empresas é tão comum que é quase aceita como norma e não perturba a consciência de quem a pratica, enquanto trabalhadores migratórios labutam como escravos e outros não conseguem achar emprego.

Às vezes, contudo, toda essa dor e sofrimento e aflição humana são obstruídas pelos nossos próprios padecimentos pessoais. Doença, pobreza e insegurança já são suficientemente penosas, mas podem, talvez, ser mais facilmente avaliadas pelos percalços dos outros. É quando a malignidade pessoal, até mesmo a traição, são lançadas sobre nós que nosso espírito é esmagado: "terrores mortais me assaltam".

Sim, gostaríamos de fugir de nossas preocupações. "Sinto-me perplexo em minha angústia e perturbado... Meu coração se contorce dentro de mim... Sim, eu fugiria para longe e permaneceria no deserto."

Como seria maravilhoso ter grandes asas e poder subir acima de tudo e voar para bem longe. Mas, na verdade, será que conseguirei fugir de tudo? Independentemente do isolamento que eu encontrar, trago comigo meu espírito perturbado. Sou parte do tecido da humanidade. Não posso isolar-me das agruras e sofrimentos da minha vida ou da vida dos outros.

É irreal imaginar ter grandes asas — até mesmo as asas de uma pomba mansa que sabe como pousar nos rochedos alcantilados e saudar o dia com seu arrulho pacífico. Contudo, é possível — e se formos sábios o faremos — refugiarmo-nos na meditação habitual pela manhã e ao entardecer, arrulhando nossa palavra prece, repousando no Amor Divino. "Aquietai-vos e sabei que sou Deus." Nesses momentos de repousante confraternização nós realmente "voamos para longe e... repousamos".

O Salmista sabe que nossa única esperança e refúgio é Deus. "Dá ouvidos à minha prece, ó Deus, não te escondas." Com confiança inabalável — "Confiarei em ti" — ele nos aconselha: "Confia os teus cuidados ao Senhor e ele te susterá" (1 Pe 5,7). A meditação e a oração são o nosso refúgio e nossa força. São dois grandes meios que nos levam aos domínios da paz e da certeza confiante onde sabemos que "Deus jamais permitirá que o justo seja abalado".

Não foi um Inimigo

Salmo 55b

12 Não foi um inimigo que me afrontou,
   se o fosse eu poderia suportar.
   Nem foi o que me odeia quem se exaltou contra mim,
   pois dele eu me esconderia
13 Mas foste tu, homem meu igual, meu companheiro
      e confidente.
14 Juntos permutávamos doces confidências
   e juntos andávamos na casa de Deus.
15 Caia sobre eles a morte;
   desçam vivos ao túmulo;
   pois há maldade em suas moradas e em seus corações.
16 Eu, porém, invocarei a Deus e o Senhor me salvará.
17 À tarde, pela manhã e ao meio-dia suplicarei
      e gemerei
   e Deus ouvirá a minha voz.
18 Deus dará paz à minha alma, da guerra que me fazem,
   pois são muitos contra mim.
19 Deus ouvirá e os humilhará, o Deus que reina
      desde sempre,
   porque não há neles mudança nenhuma, não temem a Deus.
20 Meu companheiro voltou-se contra alguém que tinha
      paz com ele;
   violou sua aliança.

21 As palavras de sua boca eram mais macias do que manteiga,
mas a guerra estava em seu coração;
suas palavras eram mais suaves do que azeite,
contudo, eram espadas desembainhadas.
22 Confia os teus cuidados ao Senhor e ele te susterá.
Deus jamais permitirá que o justo seja abalado.
23 Tu, ó Deus, os precipitarás ao poço da perdição;
homens sanguinários e fraudulentos não chegarão à metade
de seus dias.
Mas eu confiarei em ti.

*Juntos permutávamos doces confidências
e juntos andávamos na casa de Deus.*

Não foi um Inimigo

Não creio que exista algo "mais doce" que uma comunhão de espíritos autêntica, seja entre cônjuges, irmãos e irmãs em comunidades, ou simplesmente companheiros numa jornada — aquelas amizades maravilhosas que nos acompanharam durante os anos de faculdade e que permanecem dando-nos sustância, sempre presentes em segundo plano nos anos que se seguem. Essa comunhão é a mais plena possível e aproxima-se da perfeição quando está fundamentada na confraternização de nossa amizade no Senhor, e quando traz reciprocamente, amor e compaixão que encerra ternura e compreensão. Somos feitos para o amor infinito e ilimitado. Buscamos isso com nossos cônjuges e nossos amigos. Mas nossa procura está destinada a frustrar-se a menos que a pessoa a quem amamos possa nos trazer o amor do Senhor, uma vez que, ao fim e ao cabo, só o Amor Divino é capaz de satisfazer. Quando andamos, se não literalmente, pelo menos sempre espiritualmente, com a multidão na casa de Deus, então nosso próprio amor é impregnado com o amor que nos conduz docemente em nosso entendimento e celebração normais da vida.

Não importa quão solidamente estejamos unidos pelo amor, a vida pode ter e terá suas amarguras às vezes. Mas com amor, companheirismo, um ombro sobre o qual chorar e um braço forte para nos apoiar, conseguiremos prosseguir. A doçura que descobrirmos na confraternização nos susterá, nos reforçará e nos dará esperança.

Mas que fazer se a amargura surgir dentro do próprio relacionamento do qual haurimos nossa indispensável doçura e força? "Não foi um inimigo que me afrontou, se o fosse, eu poderia suportar. Nem foi o que me odeia quem se exaltou contra mim, pois dele eu me esconderia." Mas quando é aquele companheiro muito íntimo e em quem mais se confia! O Apóstolo disse: "Todas as coisas cooperam para o bem daqueles que amam a Deus" (Rm 8,28). Como pode o bem surgir disto?

Tais coisas acontecem, uma vez que somos todos pecadores insignificantes e fracos, totalmente dependentes do Senhor em luz e apoio, lealdade e amor. É, provavelmente, quando o apoio humano que tínhamos desmorona, até mesmo aquele do qual mais dependíamos — seja por traição, divórcio ou morte — que mais necessitemos ouvir o conselho: "Confia teus cuidados ao Senhor e ele te sustentará. Deus jamais permitirá que o justo seja abalado". Quando todos os sustentáculos humanos, até mesmo o mais valioso, o da amizade carinhosa, de parceria vitalícia, são demolidos, então nos tornamos receptivos e aceitamos a verdade suprema da palavra do Senhor: "Sem mim nada podeis fazer" (Jo 15,5). Quando tivermos passado por tudo, quando chegarmos ao fundo do poço, aí então oramos de fato: "Eu confiarei em ti". De fato, podemos confiar no Senhor, pois ele conhece por experiência a profunda amargura que é ser traído por um amigo íntimo: "Com um beijo trais o Filho do Homem?" (Lc 22,48). Subitamente, toda a intimidade de que desfrutamos através dos anos parece uma encenação. Todas as esperanças e planos são despedaçados, tudo aquilo que íamos realizar juntos se dissolve. A morte apresenta-se quase como uma preferência misericordiosa a continuar vivendo com tal ferida.

Antes de chegarmos a este ponto, ainda conseguimos dizer: "Quem me dera tivesse eu asas como a pomba! Pois então eu sairia voando e acharia pouso". Alegremente fugiríamos a todo esse sofrimento e angústia. Teríamos a serenidade da pomba arrulhando tranquila na manhã. Mas não seria esse o caminho para a verdadeira paz, para a vitória última. Temos de resistir e enfrentar a batalha. Mas nosso artista alude a alguma coisa. Nós temos asas, as asas de nosso anjo da guarda que está conosco na batalha. Então, "Eu invocarei a Deus e o Senhor me salvará. À tarde, pela manhã e ao meio-dia suplicarei e gemerei e Deus ouvirá a minha voz. Deus dará paz à minha alma, da guerra que me fazem..."

Sim, meu Deus, "Eu confiarei em ti".

Aclamai a Deus

Salmo 66

1 Aclamai a Deus, toda a terra!
2 Cantai a glória do seu nome;
 dai glória ao seu louvor.
3 Dizei a Deus: "Quão assombrosas são tuas obras!
 Pela grandeza do teu poder, a ti se mostrarão submissos
  os teus inimigos.
4 Toda a terra se prostrará perante ti e cantará teu louvor;
 todos cantarão em louvor do teu nome".
5 Vinde e vede as obras de Deus;
 Deus operou feitos fantásticos entre os filhos dos homens.
6 Deus transformou o mar em terra seca, eles atravessaram
  as águas a pé enxuto;
 regozijemo-nos no Senhor.
7 Deus, em seu poder, governa eternamente, os seus olhos
  vigiam as nações;
 não se revoltem os rebeldes contra o Senhor.
8 Bendizei, ó povos, o nosso Deus; fazei ouvir a voz do
  seu louvor.
9 Deus que nos dá a vida e não permite que tropecem
  os nossos pés.
10 Pois tu, ó Deus, nos provaste;
 e nos refinaste como se refina a prata.
11 Fizeste-nos cair na rede;
 puseste um peso em nossas costas.

12 Permitiste que os homens nos atormentassem.
   Atravessamos fogo e água,
   Mas tu nos trouxeste para um lugar de fartura.
13 Entrarei na tua casa com holocaustos;
   Pagar-te-ei os meus votos,
14 os votos que meus lábios proferiram
   e que minha boca prometeu no dia da angústia.
15 Oferecer-te-ei holocaustos de vítimas cevadas com o
       aroma de carneiros;
   Imolarei novilhos com cabritos.
16 Vinde e ouvi, todos vós que temeis a Deus,
   e vos contarei o que ele fez por minha alma.
17 A ele clamei à plena voz
   e seu louvor estava em meus lábios.
18 Se em meu coração tivesse eu acalentado a iniquidade,
   o Senhor não teria me ouvido.
19 Mas Deus ouviu-me;
   e deu atenção à voz da minha prece.
20 Bendito seja Deus, que não rejeitou minha prece
   nem me privou de sua divina misericórdia!

Atravessamos fogo e água,
Mas tu nos trouxeste para um lugar de fartura.

Aclamai a Deus

A vida é uma viagem — uma viagem à Terra Prometida, a um lugar de infinita alegria. À medida que viajamos, às vezes somos queimados. Mais frequentemente somos inundados por preocupações e temores, subjugados por lágrimas de pesar e desespero. É tudo parte da viagem para a vida eterna.

Podemos questionar o fogo e a água. Onde estão o amor e a preocupação amorosa do Senhor? O Salmo nos diz: "Tu, ó Deus, nos provaste; e nos refinaste como se refina a prata". Se às vezes parecemos cair nas redes desta vida, se os fardos da vida parecem ser demasiado pesados em nossas costas, se outras pessoas parecem tomar partido contra nós, tudo isso é provação. Será que significa que Deus é o autor de tudo quanto nos aflige? De maneira alguma! Mas isso nos diz inúmeras coisas: diz-nos algo do poder e da força de nosso Deus. Deus pode criar homens e mulheres semelhantes a Deus, com plena liberdade. Deus tem o poder de respeitar integralmente a liberdade que Deus nos dá, ainda que isso signifique que usemos a nossa liberdade para causar um grande mal. Diz-nos que Deus tem o poder de utilizar até mesmo o mal que provém da malícia humana a fim de trazer o bem àqueles que amam Deus. A provação purifica. A provação fortalece, leva-nos à vitória e nos dá motivo de grande alegria. O Salmista nos ensina que em nossa provação devemos bendizer nosso Deus, "fazei ouvir a voz do seu louvor", porque durante todo esse transe, "Deus que nos dá a vida não permite que tropecem nossos pés". Deus nos ouve. Deus dá atenção à voz de nossa prece. Deus nunca nos rejeita, nunca nos priva da misericórdia divina. Veremos o que Deus fez, como "operou feitos fantásticos entre os filhos dos homens".

Mais uma vez, o Salmista traz à tona de nossa memória o grande momento da libertação. Tudo parecia perdido à medida que os exércitos do faraó pressionavam o Povo de Deus. E então o milagre: Deus formou um caminho seco através do mar. Mas a proteção de Deus não terminou ali. Muitas vicissitudes ocorreram antes de o Povo atravessar as águas do Jordão e ser levado "a um lugar de fartura". Assim nos possibilitará Deus atravessar as águas da aflição — sejam elas o que forem e estejam onde estiverem. Saberemos que o Senhor, que com seu poder realizou os grandes feitos do passado, permanece conosco para nos mostrar não apenas sua grande força e poder, embora assombrosos. Através de nossa prática da meditação repetida e assídua dos Salmos, o Espírito também nos ensinará a ver com maior profundidade; e com discernimento sempre maior e percepção incessante, chegaremos a apreciar mais plenamente os prodígios dos desvelos diários de Deus.

À medida que nos conscientizarmos mais e mais do Deus que a tudo permeia, de como Deus continuamente "nos dá a vida e não permite que tropecem os nossos pés", a maravilhosa atitude de louvor em agradecimento espontaneamente brota das profundezas do nosso ser. Exortaremos a terra inteira, a totalidade da criação, a nos auxiliar a "dar glória ao louvor de Deus".

"Toda a terra se prostrará perante ti e cantará teu louvor; todos cantarão em louvor de teu nome."

"Aclamai a Deus, toda a terra! Cantai a glória do seu nome; dai glória ao seu louvor. Dizei a Deus: 'Quão assombrosas são tuas obras!'"

Em Ti, ó Senhor, me Refugio

Salmo 71

1 Em ti, ó Senhor, me refugio; não seja eu jamais envergonhado.
2 Livra-me por tua justiça, e resgata-me;
    Inclina-me os teus ouvidos e salva-me.
3 Sê para mim uma rocha habitável, onde
        possa eu sempre achar refúgio;
    dá a ordem para que eu me salve, pois és
        minha rocha e minha fortaleza.
4 Livra-me, Deus meu, da mão do ímpio,
    da mão do injusto e cruel.
5 Pois tu és minha esperança, ó Senhor; em ti
        confio desde a mocidade.
6 Em ti tenho-me apoiado desde meu nascimento;
    do ventre materno tu me tiraste.
    A ti louvarei sem cessar.
7 Para muitos sou um enigma mas tu és o meu forte refúgio.
8 Minha boca está cheia do teu louvor e da tua glória
        o dia todo.
9 Não me rejeites na minha velhice; não me desampares
        quando me faltarem as forças.
10 Pois os meus inimigos falam contra mim
    e os que me espreitam a alma planejam juntos:
11 "Deus o desamparou; persegui-o e agarrai-o
    pois não há quem o livre."

12 Ó Deus, não fiques longe de mim; Deus meu, apressa-te
 em socorrer-me.
13 Que meus adversários sejam envergonhados;
 cubram-se de opróbrio e de vexame os que buscam
  a minha ruína.
14 Quanto a mim, esperarei sempre
 e te louvarei mais e mais.
15 Minha boca relatará tua justiça e os feitos
 de tua salvação o dia todo,
 ainda que eu não saiba o seu número.
16 Narrarei o poder de Deus;
 rememorarei a tua justiça, toda tua.
17 Tu me ensinaste, ó Deus, desde a minha mocidade
 e até hoje anuncio as tuas maravilhas.
18 Agora que estou velho e de cabelos brancos, não
  me abandones, ó Deus,
 para que eu declare a todas as gerações vindouras
  a tua força.
19 Tua justiça, ó Deus, se eleva até aos céus;
 grandes feitos realizaste.
 Ó Deus, quem é semelhante a ti!
20 Fizeste-me ver muitas angústias e males, mas me
  restauras a vida
 e dos abismos da terra outra vez me tiras.
21 Tu aumentas minha grandeza e me consolas em toda
  plenitude.
22 Eu te louvarei com a harpa, meu Deus, por tua verdade;
 A ti cantarei com a lira, ó Santo de Israel.
23 Meus lábios exultam quando canto a ti
 pois redimiste minha alma.
24 Minha língua anuncia a tua justiça o dia todo;
 pois eles estão perplexos, eles estão envergonhados, os
  que procuram fazer-me mal.

Não me rejeites na minha velhice; não me desampares quando me faltarem as forças.

Em Ti, ó Senhor, me Refúgio

Esta é a prece de uma pessoa idosa e satisfeita. A vida teve seus altos e baixos: "Em ti tenho-me apoiado desde meu nascimento; do ventre materno tu me tiraste... Tu és o meu forte refúgio". "Tu me ensinaste, ó Deus, desde a minha mocidade... Tu aumentas minha grandeza e me consolas em toda plenitude." E contudo, mesmo agora "inimigos falam contra mim, e os que me espreitam a alma planejam juntos... Fizeste-me ver muitas angústias e males mas me restauras a vida e dos abismos da terra outra vez me tiras." E qual é a resposta deste ancião? Orar com confiança e louvar: "Minha boca relatará tua justiça e os feitos de tua salvação o dia todo, ainda que eu não saiba o seu número. Narrarei o poder de Deus; rememorarei a tua justiça, toda tua."

Apenas um dos dez mandamentos básicos do Senhor é acompanhado de uma promessa: "Honra a teu pai e a tua mãe para que se prolonguem os teus dias na terra que o Senhor teu Deus te dá" (Êx 20,12). Quando os anos não mais chegam de mansinho sobre nós e nos surpreendem com seu impacto, sem dúvida nos voltamos para o Senhor e pedimos que ele nos sustenha em nossa velhice enquanto nos esforçamos para justificar nossos deméritos.

O Senhor geralmente atende esta prece colocando em nossas vidas uma família carinhosa e dedicada, amigos e vizinhos, companheiros para a viagem. Uma das verdadeiramente belas histórias da Bíblia hebraica é a história de Rute. Jovem estrangeira, viúva e sem filhos, dispôs-se ela a deixar seu país para cuidar de sua sogra igualmente desolada, Noemi. Em Belém de Judá, incumbiu-se do trabalho árduo e humilhante dos pobres, o de respigadora nos campos dos outros, a fim de ganhar o sustento de suas vidas exauridas. O Senhor recompensou-a supremamente. A bondade de Rute tocou o coração do dono dos campos e logo ele a tomou por esposa. Mas a história não acaba aí. Pois Rute estava destinada a ser a bisavó do Rei Davi e assim, uma das mães do

Messias. A humilde labuta de Rute nos campos deu-lhe não apenas sustento para si e para Noemi, mas também um marido, Boaz, que iria fundar uma linhagem real.

Não sei como eu rezava este Salmo quando eu era jovem, mas agora que minha vitalidade está se debilitando, ele é muito significativo. Confio no Senhor desde minha juventude: "Tu me ensinaste, ó Deus, desde a minha mocidade e até hoje anuncio as tuas maravilhas". O Senhor tem sido o tema permanente do meu louvor. É verdade — à medida que minha vida desabrochava, para muitas pessoas eu aparentava ser um enigma. O Senhor fez-me ver "muitas angústias e males". Mas ele realmente me restaurou a vida e novamente me tirou dos abismos. De todo o meu coração, faço minhas as palavras do Salmista:

> Quanto a mim, esperarei sempre
>   e te louvarei mais e mais.
> Minha boca relatará tua justiça e os feitos
>   de tua salvação o dia todo,
> ainda que eu não saiba o seu número.
> Narrarei o poder de Deus;
> Rememorarei a tua justiça, toda tua.

Em ti, Senhor, me refugio. Tu és minha rocha e minha fortaleza. Agora que estou velho e de cabelos brancos, não me abandones, para que eu declare a todas as gerações vindouras a tua verdade, a tua justiça, a tua bondade que se elevam até ao céu.

Este Salmo me propicia as palavras de que necessito para dar um pouco de expressão aos sentimentos mais profundos do meu coração. "Grandes feitos realizaste. Ó Deus, quem é semelhante a ti!"

Escuta a Minha Lei

Salmo 78

1 Povo meu, escuta a minha lei. Dá ouvidos às palavras de minha boca.
2 Abrirei minha boca numa parábola. Vou proferir enigmas do passado.
3 O que ouvimos e conhecemos e o que nos contaram nossos pais,
4 não o esconderemos aos filhos deles,
nós contaremos à geração seguinte os louvores do Senhor, seu poder e as maravilhas que fez.
5 Deus firmou um testemunho em Jacó e instituiu uma Lei em Israel,
e ordenou que os transmitissem a seus filhos,
6 para que a geração seguinte os conhecesse,
os filhos que iriam nascer se levantassem e contassem também a seus filhos,
7 para que pusessem a sua esperança em Deus e não se esquecessem dos feitos de Deus
mas observassem seus mandamentos
8 e que não fossem, como seus pais, geração obstinada e rebelde,
geração de coração inconstante, cujo espírito não foi fiel a Deus.
9 Os filhos de Efraim, arqueiros equipados,
no dia do combate debandaram.

10 Não guardaram a aliança feita com Deus e recusaram-se
    a andar em sua lei.
11 Esqueceram-se das obras de Deus, os feitos maravilhosos que
    Deus lhes mostrara.
12 Prodígios realizou Deus na presença de seus pais,
    na terra do Egito, na planície de Zoã.
13 Deus dividiu o mar e por ele os fez passar;
    aprumou as águas como num dique.
14 Guiou-os de dia com uma nuvem
    e durante a noite com um clarão de fogo.
15 Fendeu a rocha no deserto
    e lhes deu a beber abundantemente.
16 Da rocha fez brotar torrentes
    fez manar águas como rios.
17 Mas, ainda assim, continuaram a pecar contra ele,
    e se rebelaram, no deserto, contra o Altíssimo.
18 Tentaram a Deus em seus corações pedindo
    alimento que lhes fosse do gosto.
19 Sim, falaram contra Deus.
    E disseram: "Pode, acaso, Deus preparar-nos mesa no deserto?
20 E eis que Deus feriu a rocha, e dela manaram águas,
    transbordaram caudais,
    Pode Deus dar-nos pão também?
        Ou fornecer carne para o seu povo?"
21 Ouvindo isto, Yahweh ficou indignado;
    o fogo de Deus acendeu-se contra Jacó, e sua ira levantou-se
        contra Israel,
22 porque não creram em Deus nem confiaram na
    sua salvação.
23 Contudo, Deus ordenou às nuvens do alto e abriu
    as portas do céu;
24 fez chover maná sobre eles para alimentá-los e lhes
    deu o alimento do céu.

25 Os mortais comeram o pão dos anjos; enviou-lhes o Altíssimo
   comida a fartar.
26 Fez soprar no céu o vento leste; e com seu poder
   trouxe o vento sul.
27 Fez chover sobre eles carne como pó, aves numerosas
   como as areias do mar;
28 as aves caíram no meio de seus acampamentos, ao redor
   de suas tendas.
29 Então comeram e se fartaram; Deus lhes deu o que
   desejavam.
30 Não tinham satisfeito seu apetite; tinham ainda na boca
   o alimento,
31 quando se elevou contra eles a ira de Deus.
   Entre os mais fortes ele semeou a morte,
   e prostrou a juventude de Israel.
32 Apesar de tudo isso, continuaram a pecar e não creram
   nas maravilhas de Deus.
33 Deus consumiu os dias deles num sopro e seus anos
   num momento.
34 Quando os fazia morrer, então o buscavam;
   arrependiam-se e o buscavam com convicção.
35 Lembravam-se de que Deus era sua rocha, e o Altíssimo
   seu redentor.
36 Adulavam-lhe com a boca e mentiam-lhe com
   a língua,
37 o coração deles não era sincero com Deus, nem tinham eles fé
   na sua aliança.
38 Mas Deus, sendo misericordioso, perdoava a iniquidade
   e não os destruía.
   Sim, muitas vezes Deus conteve a sua ira divina
   e não descarregava toda a sua cólera.
39 Lembrava-se de que eram apenas carne,
   Um sopro que passa e não volta.

Deus dividiu o mar e por ele os fez passar;
aprumou as águas como num dique.
Guiou-os de dia com uma nuvem
e durante a noite com um clarão de fogo.

Escuta a Minha Lei

Repetidas vezes os Salmos narram os acontecimentos fundamentais da libertação do Povo Eleito de sua escravização no Egito. Ainda que esses acontecimentos não sejam história propriamente, história como a entenderíamos hoje, mas antes acontecimentos mitológicos, eles, não obstante, convidam o Povo de ambas as Alianças a observar cuidadosamente a proteção e graça salvadora prudentíssimas de Deus. É por isso que escutamos, rezamos, meditamos e cantamos os Salmos: para permanecermos conscientes de Deus e da abundante clemência manifesta em nossa vida de tantas e tão diferentes maneiras.

O Salmo 78 é um dos mais extensos da compilação, visto que relata os grandes acontecimentos da libertação: "Não o esconderemos aos filhos deles, nós contaremos à geração seguinte os louvores do Senhor, seu poder e as maravilhas que fez". A primeira grande coisa que o Salmista inspirado salienta é a dádiva da Lei, a Torá, a Revelação, a liderança pessoal de Deus. "Deus firmou um testemunho em Jacó e instituiu uma Lei em Israel." Era uma dádiva destinada a ser transmitida de geração a geração. O rabino Jesus deixou claro que não tinha vindo para revogar a Lei, mas para dar-lhe cumprimento (Mt 5,17). Era para ser uma mensagem de Deus para todos nós, mensagem que firma todo nosso relacionamento com ele. Tudo o mais é uma expressão desta Lei e solicitude especiais, desde o grande acontecimento inicial da travessia do mar, algo que experimentamos na Nova Aliança em nossa passagem pelas águas do Batismo. O Senhor ele próprio conduziu-os através do mar e continuou a guiá-los dia e noite, com a nuvem e o fogo. E o Senhor continua a nos guiar se "pusermos a nossa esperança em Deus e não nos esquecermos dos feitos de Deus mas observarmos os seus mandamentos." As águas podem parecer estar acumuladas a grande altura e muito ameaçadoras.

A viagem muitas vezes pode parecer estar envolta por uma nuvem de ignorância ou por uma noite escura, mas é sempre segura se estivermos dispostos a ouvir e a obedecer.

Assim como ocorreu com os nossos pais e mães espirituais na travessia do deserto, apesar de nossos repetidos fracassos, nossos pecados, nossa ingratidão, à medida que viajamos à nossa Terra Prometida o Senhor nos disponibiliza sempre o Pão do Céu e as águas sempre correntes da graça divina. Sofremos as consequências de nossos pecados. A justiça e a sabedoria de Deus permitem isto a fim de que aprendamos e nos tornemos pessoas responsáveis e sensíveis. Deus não nos protege como crianças. Para cada um de nós Deus realizou maravilhas como as que ele fez para libertar nossos ancestrais espirituais, o Povo Eleito, de sua escravidão. Deus nos mostrou o caminho da verdadeira liberdade. Se continuarmos a seguir as nossas próprias escolhas e rejeitarmos a liderança de Deus, seremos punidos e sofreremos as consequências de nossa leviandade até voltarmos atrás como os pródigos que somos.

Nosso Deus é admirável. Em nossa arrogância ousamos desafiá-lo; à vista de tudo que ele já fez e está fazendo para nós, ousamos questionar seu poder e sua bondade. Em tempos de grande necessidade, bradamos a Deus, mas mesmo então nossos corações não são honestos com ele. Ainda queremos que as coisas sejam feitas à nossa maneira. Não acreditamos realmente na aliança de amor de Deus, nem a abraçamos. Mas Deus, sendo um Deus misericordioso, não nos destrói. Deus reprime sua justa cólera e permanece sempre pronto a perdoar.

Deus instituiu um Povo e nos deu uma liderança fiel armada com o bastão da cruz. Com desvelo altruísta e inabalável Deus nos guia de maneira que "ponhamos nossa esperança em Deus e não esqueçamos os feitos de Deus mas observemos os seus mandamentos", e encontremos nosso caminho para a Terra Prometida com toda a segurança. Estas são as Boas Novas que não devemos esconder de nossos filhos mas divulgá-las de maneira eficiente para que possam ser transmitidas de geração a geração, fonte de eterna esperança mesmo quando as águas da adversidade parecem subir ameaçadoramente em todos os lados. Nosso Deus é um Deus libertador. Por mais que o decepcionemos, ele nunca nos decepcionará.

Tu que Habitas

Salmo 91

1 Tu que habitas no abrigo do Altíssimo,
   que moras à sombra do Onipotente,
2 dirás do Senhor, "Meu refúgio e minha fortaleza,
   meu Deus, em quem confio".
3 Certamente ele me livrará do laço dos caçadores
     e da peste destruidora.
4 O Divino te cobrirá com suas penas,
   sob suas asas estarás seguro;
   a fidelidade de Deus será teu escudo e couraça.
5 Não temerás o terror da noite,
   nem a seta que voa de dia,
6 nem a peste que se propaga nas trevas,
   nem o flagelo que devasta ao meio-dia.
7 Caiam mil à tua esquerda e dez mil à tua direita
   tu não serás atingido.
8 Tudo que tens a fazer é olhar, e teus olhos verão
     a recompensa dos ímpios.
9 Porque fizeste do Senhor o teu refúgio,
   do Altíssimo, a tua morada,
10 portanto, nenhum mal te sucederá,
    praga nenhuma chegará à tua tenda.
11 Porque aos seus anjos dará Deus ordens a teu respeito
      para que te guardem em todos os teus caminhos.
12 Eles te levarão em suas mãos, para que teus pés
     não tropecem nalguma pedra.

13 Pisarás o leão e a áspide,
    calcarás aos pés o leãozinho e a serpente,
14 "Aqueles que me amam, eu os livrarei;
    colocarei nas alturas aqueles que reconhecem o meu nome.
15 Eles me invocarão e eu lhes responderei;
    na sua angústia eu estarei com eles, livrá-los-ei
        e os glorificarei.
16 Saciá-los-ei com longevidade e lhes mostrarei
    a minha salvação.

*O Divino te cobrirá com suas penas,
sob suas asas estarás seguro.*

Tu que Habitas

A noite chega. Tentamos afugentá-la com nossa luz artificial. Preenchemos as horas com entretenimento: televisão, folguedos, seja lá o que for. Mas nas profundezas de nossa psique conhecemos os terrores da noite quando as trevas conquistam a luz. O sol se põe e uma lua instável projeta apenas uma luz soturna. As estrelas estão muito distantes.

Aqueles que têm fé sabem onde encontrar refúgio: sob as asas de Deus, sob as asas do Salvador que disse ansiar por nos reunir como pequeninos sob a sua proteção assim como uma galinha ajunta os seus pintinhos sob as suas asas (Mt 23,37).

Todo entardecer, à medida que a escuridão começa a se impor, podemos entoar o Salmo 91. Nós "que habitamos no abrigo do Altíssimo, que moramos à sombra do Onipotente, diremos do Senhor, 'Meu refúgio e minha fortaleza, meu Deus, em quem confio'". Ele nos livrará de todos os males. Nós "não temeremos o terror da noite... nem a peste que se propaga nas trevas". Esta confiança permanecerá conosco e se propagará pelo dia seguinte. Não temeremos "a seta que voa de dia... nem o flagelo que devasta ao meio-dia", pois a mesma proteção divina ainda estará conosco. Anjos alados, não serão eles as "penas" do Senhor? "Aos seus anjos dará Deus ordens a teu respeito para que te guardem em todos os teus caminhos. Eles te levarão em suas mãos, para que teus pés não tropecem nalguma pedra."

Creio que não reconhecemos suficientemente o cuidado carinhoso dessas criaturas nossas semelhantes, tão superiores a nós e contudo incumbidas de nos servir e cuidar de nós. Lembram-se da bela história de Rafael, enviado para cuidar de Tobias? A proteção dos anjos é eficiente e a tudo abrange. Não importa a feição que as ameaças assumam — feroz e brutal como as do leão; ou insidiosas como a peçonha da áspide; ou uma pestilência mortal como a

AIDS ou SARS (Síndrome Respiratória Aguda Severa); ou as ameaças de assaltantes e gangues de rua — não temeremos. Visto que ouvimos as palavras do Altíssimo, o Onipotente, pronunciadas pelo Salmista inspirado: "Aqueles que me amam, eu os livrarei; colocarei nas alturas aqueles que reconhecem o meu nome. Eles me invocarão e eu lhes responderei; na sua angústia eu estarei com eles, livrá-los-ei e os glorificarei. Saciá-los-ei com longevidade e lhes mostrarei a minha salvação".

De que melhor maneira poderemos, como indivíduos ou como famílias, entrar na noite e encontrar paz — a paz repousante e restauradora que ali se oculta — senão permitindo que a Palavra do Senhor, este Salmo de reafirmação divina, fale a nós? Esta é a oração vespertina que o próprio Senhor nos deu. Faz-nos orar com confiança, "Meu refúgio e minha fortaleza; meu Deus, em quem confio". Não estamos sós quando o rezamos. Através dos séculos, homens que oram paramentaram-se com seus xales de oração e murmuraram essas palavras consoladoras e confortadoras; monges e freiras e outras comunidades de fiéis em todo o mundo terminam seu dia com esta boa Palavra. Podemos nos juntar a esse imenso coro humano enquanto observamos a luz do sol enfraquecer, a estrela vespertina subir e o luar começar a intensificar-se. Podemos sentir as grandes asas maternais de Deus pairando sobre nós e nos atraindo para o calor de sua proteção carinhosa, nós que habitamos no abrigo do Altíssimo e moramos à sombra do Onipotente.

O Senhor Reina

Salmo 97

1 O Senhor reina, regozije-se a terra!
   Alegrem-se as numerosas ilhas!
2 Nuvens e trevas envolvem o Senhor;
   a justiça e o direito são a base do trono de Deus.
3 À frente do Senhor avança o fogo devorando inimigos
      ao redor.
4 Os relâmpagos do Senhor iluminam o mundo,
      a terra os vê e estremece.
5 Os montes derretem-se como cera diante do Senhor,
   diante do Senhor de toda a terra.
6 O céu proclama a justiça do Senhor
   e todos os povos veem a glória de Deus.
7 Infelizes daqueles que adoram estátuas,
   os que se gloriam de ídolos.
   Prostrem-se diante do Senhor, ó deuses!
8 Sião ouve e se alegra,
   as filhas de Judá se regozijam por causa
      da tua justiça, ó Senhor.
9 Pois tu, Senhor, és excelso sobre toda a terra;
   tu és sumamente elevado acima de todos os deuses.

10 O Senhor ama quem detesta o mal.
   Ele protege a vida dos seus santos;
   livra-os da mão dos ímpios.
11 A luz se levanta para os justos
   e a alegria para os retos de coração.
12 Alegrai-vos no Senhor, ó justos,
   e dai louvores ao seu santo Nome.

*A luz se levanta para os justos
e a alegria para os retos de coração.*

O Senhor Reina

Como é que vai ser quando "o Senhor de toda a terra" chegar? O Senhor é Rei; o céu proclama a justiça do Senhor. Para nós, "nuvens e trevas envolvem o Senhor". Nosso conhecimento é tão pequeno, a criação parece ser tão obscura — uma nuvem de ignorância; uma noite profundamente escura. Sabemos que a benevolência e a justiça são prerrogativas de Deus. Vimos sombras de coisas espantosas de Deus na natureza: "Os relâmpagos do Senhor iluminam o mundo". A terra estremece, as montanhas derretem e o solo é arrastado pelas águas. Que mais falta ver?

Quando o verdadeiro Povo de Deus souber da vinda do Senhor haverá exultação e alegria. Não temeremos a grandeza de Deus, pois sabemos que o Senhor protege a vida dos devotos, daqueles que se voltam contra o mal. Para o Povo de Deus — aqueles que escolheram o caminho da virtude, a vinda de Deus trará luz — nuvens e trevas não mais o envolverão. Os relâmpagos de Deus iluminarão o mundo. Para aqueles que idolatram coisas criadas e se orgulham — dos ídolos que eles próprios fizeram — riqueza, prestígio, poder, será um fogo devorador. Mas para os virtuosos de Deus será a revelação da glória divina. Será uma luz do monte Tabor que os envolverá e, mesmo enquanto os apavora, trará a revelação fidedigna do amor de um Pai celestial, do cumprimento da Lei de Moisés e das profecias de Elias. A luz se levantará para os justos e a alegria para os retos de coração.

Tal é a maravilha que nos é prometida. Assim, mesmo agora, quando nos lembramos da fidelidade dele, podemos nos regozijar no Senhor. Temos muitos motivos para nos alegrar. É hora de louvá-lo.

Justificadamente, então, nosso artista oferece-nos não uma harpa de dez cordas, mas duas de onze cordas, mostradas durante o movimento emocionante da celebração caótica. Mãos, masculina e feminina, estendem-se abertamente em direção à luz, a luz que se levanta para os justos. É uma dança impetuosa, que se esforça para expressar o inexprimível, a alegria que a experiência da luz divina evocará em nós. Temos vontade de agarrar as harpas e tocá-las. Temos vontade de estender a mão e nos apossarmos da luz. Mas bem sabemos que o ato de agarrar simplesmente faz a mão fechar-se na escuridão. Somente uma franqueza, um espírito aberto, pode acolher bem a luz que é semeada em nós e permitir que esta faça nascer o inexprimível. O verdadeiro coração íntegro, o coração puro, verá a Deus e se tornará digno de ser um filho de Deus.

O Senhor reina; sem dúvida. E todos os julgamentos de Deus são justos. O Povo de Deus se alegra. Temos muitos motivos para nos regozijar — a terra inteira, cada partícula de solo que se levanta dos mares. Para o Senhor, tudo está solidamente assentado na benevolência e na justiça. Todos verão a glória de Deus.

"Alegrai-vos no Senhor, ó justos, e dai louvores ao seu santo Nome."

Cantai ao Senhor

Salmo 98

1 Cantai ao Senhor um cântico novo, porque ele
    fez maravilhas!
  A sua destra e o seu braço santo
    alcançaram-lhe a vitória.
2 O Senhor fez conhecer sua salvação,
  revelou sua justiça às nações.
3 Lembrou-se da sua misericórdia e da sua fidelidade
    para com a casa de Israel.
  Todos os confins da terra viram
    a salvação de nosso Deus.
4 Aclamai o Senhor com alegria, toda a terra!
  Aclamai, regozijai-vos, e cantai louvores!
5 Cantai com harpa louvores ao Senhor, com harpa
    e voz que deleite.
6 Com trombetas e ao som de corneta exultai perante
    o Senhor que é Rei!
7 Ruja o mar e tudo que nele há, o mundo e os que
    nele habitam.
8 Os rios batam palmas, e juntos cantem
    de júbilo os montes
9 na presença do Senhor quando ele vier
    julgar a terra.
  Com justiça o Senhor julgará o mundo e os povos
    com equidade.

Cantai com harpa louvores ao Senhor, com harpa...
Com trombetas e ao som de corneta...

Cantai ao Senhor

O Senhor fez conhecer sua salvação, revelou sua justiça às nações. Deus fez maravilhas.

O Salmista é um homem de fé, de intuição, de presença. Até mesmo quando essas maravilhas são realizadas através das forças da natureza, mesmo quando homens e mulheres são os agentes da salvação de Deus, ele percebe a ação do Senhor: "A sua destra e o seu braço santo alcançaram-lhe a vitória". Todos os confins da terra viram a salvação de nosso Deus. E mais. O Salmista percebe que o Senhor está presente para "julgar o mundo e os povos com equidade".

Compartilhando suas percepções nós nos unimos ao seu brado, sua prece de louvor. Por serem sumos sacerdotes da criação, invocamos os mares atroadores e tudo que neles existe, os rios que deságuam neles, e até mesmo as nascentes das montanhas, para que se unam num coro de alegria. Mais, aduzimos à voz de nosso próprio louvor o louvor das nossas mãos, os sons celestiais das harpas. E algo mais ainda é necessário. Pedimos o auxílio de trombetas e cornetas e muitos outros instrumentos que se unam a nós ao aclamarmos o Senhor como o verdadeiro Rei da Criação. Nunca há celebrações suficientes deste Deus bom em grau absoluto e infinitamente misericordioso, a fonte de todo o bem.

Sabemos que tudo que existe é dádiva de Deus e essa dádiva é invariável e infalível. Conscientes da misericórdia e fidelidade divinas queremos cantar para o Senhor uma canção nova, uma canção sem fim. Sim, queremos cantar as antigas canções do Saltério, mas queremos cantá-las de uma maneira inédita e com um frescor, com uma exuberância e uma alegria, com uma apreciação e gratidão que as torne inteiramente novas, diferentes de como já foram interpretadas antes. Uma canção só é canção quando é cantada. Queremos dar nova existência aos Salmos e a cada Salmo por sua vez.

Dentro desta experiência, há momentos de êxtase. Como são maravilhosos os momentos quando fechamos nossos olhos e, por assim dizer, vamos além. Ainda melhor se os nossos dedos bem adestrados conseguem dedilhar as cordas da harpa e dar expressão aos mais profundos sentimentos de nossa alma. Provavelmente não há instrumento tão delicado e tão apto a ser harmonizado aos movimentos do coração. E contudo, uma parte de nós diz que isto não é suficiente. Há algo em nós que gostaria de aclamar e louvar a Deus, mas que permite que trombetas e cornetas se manifestem — mais alto, mais forte, mais vigorosamente, mais plenamente, enquanto, todavia, deixam tranquilas em seu êxtase as profundezas do nosso ser. Cada fibra do nosso ser estende-se, estira-se, forceja, padece para ficar perto de Deus. Há algo que possa satisfazer aquele que chegou a conhecer o Senhor através da criação e da recriação, através das maravilhas de Deus, os triunfos que Deus produziu para o Povo que chama de seu?

Tudo que se levanta das profundezas do nosso ser virá a conhecer a misericórdia do Senhor — algo que só podemos vir a conhecer vindo das profundezas da nossa própria pecaminosidade e aflição — e a fidelidade do Senhor — algo que conhecemos somente diante de nossos incontáveis e incessantes malogros. A misericórdia do Senhor estende-se de uma extremidade da terra à outra. Todos e tudo falam a nós sobre isso pelo seu próprio ser. Tudo suscita de nós o imperativo: "Cantai ao Senhor um cântico novo".

Ouve a Minha Prece

Salmo 102

1 Ouve a minha prece, ó Senhor; que o meu grito chegue a ti.
2 Não me ocultes o teu rosto no dia de minha angústia. Inclina teu ouvido para mim quando eu te invocar, responde-me depressa.
3 Porque os meus dias se consomem em fumaça; meus ossos queimam como brasas vivas.
4 Crestado como a relva, secou-se o meu coração; esqueço-me até de comer o meu pão.
5 Estou exaurido por causa de meu violento gemido; estou reduzido a pele e ossos.
6 Sou como uma ave no deserto, como uma coruja no ermo.
7 Não consigo dormir; sou como um pássaro solitário no telhado.
8 Meus inimigos me insultam o dia todo; aqueles que zombam de mim corrompem meu nome.
9 Cinzas são meu alimento; lágrimas minha bebida.
10 Por causa da tua cólera e da tua ira, tu me elevaste e me lançaste ao chão.
11 Meus dias são como a sombra que declina e eu vou secando como a relva.
12 Tu, porém, Senhor, estás entronizado para sempre; e o teu nome permanece por todas as gerações.
13 Levanta-te e tem piedade de Sião, pois é tempo de te compadeceres dela; é chegada a sua hora.

14 Teus servos amam as pedras dela;
   e se condoem do seu pó.
15 As nações reverenciam o teu nome, ó Senhor;
   e todos os reis da terra a tua glória.
16 Pois o Senhor reconstruirá Sião e aparecerá com
       sua glória.
17 O Senhor atenderá à oração dos desamparados;
   o Senhor não desprezará suas preces.
18 Que fique isto registrado para a geração futura,
   para que um povo ainda por nascer louve o Senhor:
19 "O Senhor se inclinou de seu alto santuário,
   e do céu contemplou a terra,
20 para ouvir os gemidos dos cativos
   e libertar os condenados à morte.
21 Assim o nome do Senhor será anunciado em Sião
   e o seu louvor em Jerusalém
22 quando todos os povos e reinos da terra se reunirem
       para servir ao Senhor."
23 O Senhor abateu minha força no caminho; ele me
       abreviou os dias.
24 "Não me leves na metade de minha vida enquanto os
   teus anos se estendem por todas as gerações.
25 Em tempos remotos lançaste os fundamentos da terra
   e os céus são obra de tuas mãos.
26 Eles perecerão mas tu permanecerás; e todas essas coisas
       se desgastarão como a roupa.
   Tu os mudarás como roupas e eles ficarão mudados.
27 Tu, porém, és sempre o mesmo,
   e os teus anos jamais terão fim.
28 Os filhos dos teus servos viverão em tua presença; e diante de
   ti se estabelecerá a sua descendência para sempre."

*Meus dias são como a sombra que declina
e eu vou secando como a relva.*

Ouve a Minha Prece

"Setenta anos é o tempo da nossa vida — oitenta para aqueles que são vigorosos" (Sl 90,10). Caminho por esta terra há setenta e poucos. Não sei se estou entre os vigorosos. Meus dias são como a sombra que declina e eu vou secando como a relva. Desconheço o dia e a hora, mas tenho plena confiança de que o Senhor completará o trabalho que Deus deseja realizar em minha vida e através dela, e depois me levará para casa.

Não compreendo como alguém pode ficar entediado. Os dias passam tão depressa. Desaparecem, na verdade, e sempre há tanta coisa ainda por fazer. É difícil encontrar tempo para fruir essas canções maravilhosas, para sorver a sabedoria que elas contêm, deixar que abram minha mente e meu coração.

Vou secando como a relva. Procuro consagrar meu declínio. Às vezes torna-se uma luta. Parece que tenho de dedicar mais e mais tempo e atenção a cuidar deste corpo que envelhece: visitas a médicos e especialistas e a hospitais e laboratórios; remédios, terapias e programas de exercícios; e alimentação, claro. Até mesmo isso parece demorar mais e consumir mais tempo. "Cinzas são meu alimento; lágrimas minha bebida." Eu vou secando e o tempo desaparece.

Mas... Mas sigo em direção à grande luz. Se há algo que segue de perto a minha vida é a luz daquilo que realmente é e será.

Ouve a minha prece, ó Senhor; que o meu grito chegue a ti. Não me ocultes o teu rosto no dia de minha angústia. Inclina teu ouvido para mim quando eu te invocar, responde-me depressa.

Ainda que meus dias se consumam em fumaça e eu conheça a dor e o sofrimento, solidão, e até mesmo zombaria, eu nada temo. Não perco a esperança. Na verdade, tenho plena confiança. Pois tu te levantas e tens piedade de Sião.

Aparecerás com glória e atenderás à oração dos desamparados. Não desprezarás minha prece.

É tempo de pensar na herança que vou deixar. Que isto fique registrado para a geração futura, que um povo ainda por nascer louve o Senhor, e que seu louvor ressoe forte quando os povos e reinos da terra se reunirem para servir o Senhor. Este será meu consolo: tu permanecerás o mesmo e teus anos nunca terminarão. Os filhos de teus servos viverão em tua presença; e diante de ti se estabelecerá a sua descendência para sempre.

Meus dias estão contados. Logo irei ao encontro de meus pais e mães. Até mesmo o céu e a terra passarão. A obra de Deus através dos séculos perecerá mas o Senhor permanecerá o mesmo. Os anos de Deus nunca terão fim. Haverá um novo céu e uma nova terra. E todos nós viveremos para sempre na alegria do Senhor.

Verdadeiramente, o Senhor volta o rosto para mim; e inclina-me o seu ouvido. O Senhor se inclinou do seu alto santuário e encheu de esperança meu coração. Meus dias podem esvaecer-se, posso definir, mas isso é apenas o prelúdio do passamento desta vida limitada ao reino onde estarei na presença do Senhor para sempre.

Rendei Graças ao Senhor

Salmo 136

1 Rendei graças ao Senhor porque ele é bom,
  porque a sua misericórdia dura para sempre.
2 Rendei graças ao Deus dos deuses,
  porque a sua misericórdia dura para sempre.
3 Rendei graças ao Senhor dos senhores,
  porque a sua misericórdia dura para sempre;
4 O Senhor é o único que faz grandes maravilhas,
  porque a sua misericórdia dura para sempre;
5 ele fez os céus com sabedoria,
  porque a sua misericórdia dura para sempre;
6 ele estendeu a terra sobre as águas.
  porque a sua misericórdia dura para sempre;
7 ele fez os grandes luminares,
  porque a sua misericórdia dura para sempre;
8 o sol para presidir ao dia,
  porque a sua misericórdia dura para sempre;
9 a lua e as estrelas para presidirem à noite,
  porque a sua misericórdia dura para sempre;
10 ele feriu o Egito em seus primogênitos,
  porque a sua misericórdia dura para sempre;
11 e tirou a Israel do meio deles,
  porque a sua misericórdia dura para sempre;

12 com mão poderosa e braço estendido,
   porque a sua misericórdia dura para sempre;
13 ele separou em duas partes o Mar Vermelho,
   porque a sua misericórdia dura para sempre;
14 e por entre elas fez passar Israel,
   porque a sua misericórdia dura para sempre;
15 mas precipitou o Faraó e o seu exército no Mar Vermelho,
   porque a sua misericórdia dura para sempre;
16 ele conduziu o seu povo pelo deserto,
   porque a sua misericórdia dura para sempre
17 ele feriu grandes reis,
   porque a sua misericórdia dura para sempre;
18 e matou reis famosos,
   porque a sua misericórdia dura para sempre;
19 Seon, rei dos amorreus,
   porque a sua misericórdia dura para sempre;
20 e Og, rei de Basã,
   porque a sua misericórdia dura para sempre;
21 cujas terras deu em herança,
   porque a sua misericórdia dura para sempre;
22 em herança a Israel, seu servo,
   porque a sua misericórdia dura para sempre;
23 ele se lembrou de nós em nossa humilhação,
   porque a sua misericórdia dura para sempre;
24 e nos libertou de nossos adversários,
   porque a sua misericórdia dura para sempre;
25 ele dá alimento a todos,
   porque a sua misericórdia dura para sempre;
26 Ó, rendei graças ao Deus do céu,
   porque a sua misericórdia dura para sempre.

*O sol para presidir ao dia...
a lua e as estrelas para presidirem à noite.*

Rendei Graças ao Senhor

Dou uma olhada na criação. O sol está se levantando (na verdade, é o nosso pequeno mundo que completou mais um movimento de rotação) e tudo está iluminado — um glorioso amanhecer com matizes suaves, desde o purpúreo mais carregado até o dourado autêntico, anunciando a chegada do astro do dia. Levantando-se, o sol faz valer sua majestade e todas as luzes menores são tragadas pela sua luz que a tudo abrange.

Havia uma bela lua cheia ontem à noite (na realidade, ela estava em posição oposta ao sol oculto e refletia para nós a luz do astro-rei tão completamente quanto possível). Podíamos andar despreocupadamente, tão clara era sua luz em nosso caminho. Tão brilhante que ofuscava muitas das estrelas, apesar de estas serem, de fato, muito mais potentes. Uma lua mais tímida que mostra apenas uma estreita faixa de sua luz refletida permitiu-nos em outras noites fitar com estupefação o tapete de estrelas, pontos de luz incontáveis, cintilando através de infinitas milhas de anos-espaço, vindos para nos deliciar agora.

Ó, rendei graças ao Deus dos deuses... ao Senhor dos senhores... porque o Senhor é bom! O Senhor é o único que faz grandes maravilhas... o Senhor é o único que fez os céus. A Lei de Deus dura para sempre.

Grandes e espantosos são o poder e a força de Deus, e assombrosas as grandes obras da sua criação e, contudo, Deus abaixa suas mãos em nossa direção com proteção vigorosa e terna. Deus interessa-se por nós. Não precisamos temer qualquer inimigo, não importa quão poderoso, porque o amor inabalável de Deus dura para sempre. Deus é profundamente consciente de nossa condição inferior. E enquanto estivermos conscientes disso e abertos a receber ajuda humildemente, Deus nos livrará de todos os inimigos. Deus proverá a todas as nossas necessidades com a ampla provisão da natureza. Ninguém precisaria passar fome neste planeta se reconhecêssemos verdadeiramente que a terra é uma dádiva de Deus a todos nós e a compartilhássemos como tal. É apenas nosso egoísmo que leva à fome de muitos enquanto armazenamos provisões para o amanhã. Esquecemo-nos da lição do maná no deserto e de como Jesus nos ensinou a prece para pedir o "pão nosso de cada dia". Por fim, nossos armazenamentos tornam-se um desperdício e um ônus depois de corroerem nosso senso de ação de graças, nossa compreensão do inabalável amor que é a mão provedora de nosso Providente Senhor.

Rendei graças ao Senhor, porque o Senhor é bom, a sua misericórdia dura para sempre. Rendei graças ao Deus dos deuses, porque a sua misericórdia dura para sempre. Rendei graças ao Senhor dos senhores, porque a sua misericórdia dura para sempre.

Que o Senhor nos dê um espírito de sabedoria e uma percepção daquilo que é revelado a nós para nos dar pleno conhecimento do Senhor. Que Deus ilumine os olhos de nossa mente de maneira que possamos compreender que esperança o chamado de Deus guarda para nós. Como é rica a glória da herança que Deus destina ao seu Povo santo. E quão extraordinariamente grande é o poder com que Deus age em nosso favor (Ef 1,17-9). Os acontecimentos do Êxodo podem parecer-nos muito remotos agora, até mesmo quando os celebramos e procuramos revivê-los no Mistério Pascal judaico, mas a criação maravilhosa de Deus está sempre à nossa volta — sim, o sol e a lua e as estrelas, os planetas e as galáxias e a sólida terra sob nossos pés; a água que sacia nossa sede e lava nosso rosto; o alimento que nos nutre e nos dá vida. Se tivermos qualquer consciência, qualquer percepção espiritual, devemos clamar: A misericórdia do Senhor dura para sempre.

Às Margens dos Rios da Babilônia

Salmo 137

1 Às margens dos rios da Babilônia,
   nós nos assentávamos e chorávamos quando
      nos lembrávamos de Sião;
2 nos salgueiros que lá havia pendurávamos
      as nossas harpas.
3 Pois aqueles que nos levaram cativos nos
      pediam canções,
   os que zombavam de nós pediam canções alegres,
   "Cantai-nos alguns dos cânticos de Sião!"
4 Como entoaremos o cântico do Senhor numa terra estranha?
5 Se eu de ti me esquecer, ó Jerusalém, que minha mão direita
      perca toda sua habilidade.
6 Se eu de ti não me lembrar, que a minha língua se cole
      ao paladar,
   se Jerusalém não for minha maior alegria.
7 Lembra-te, Senhor, dos filhos de Edom no dia da
      queda de Jerusalém,
   daqueles que disseram: "Arrasai-a, arrasai-a, até aos
      alicerces!"

8 Ó filhas da Babilônia, havereis de ser destruídas,
   bem-aventurado aquele
   que devolver a vós o mal que nos fizestes.
9 Bem-aventurado aquele
   que pegar teus pequeninos e esmagá-los contra a pedra.

*Às margens dos rios da Babilônia,
nós nos assentávamos e chorávamos quando
nos lembrávamos de Sião;
nos salgueiros que lá havia pendurávamos as nossas harpas.*

Às Margens dos Rios da Babilônia

Creio que a maioria de nós, em alguma ocasião, teve vontade de abandonar tudo e ir sentar-se à margem de um rio que flui tranquilamente e deixar nossas lágrimas misturarem-se com suas águas claras e frescas. Exilados — não porque alguma força maligna nos tenha arrebatado fisicamente, mas porque as dores e as aflições, as mágoas e as decepções da vida estão nos alienando de nosso ambiente. Sem dúvida, em ocasião como essa não havia qualquer desejo de empunhar uma harpa ou qualquer outro instrumento e entoar uma canção. Um canto fúnebre talvez fosse mais apropriado, harmonizando-se com o murmúrio do rio.

No "Salve Regina", um dos mais amados e frequentemente cantados hinos do Povo de Deus, dizemos de nós mesmos que somos os filhos degredados de Eva. Em determinados dias, mais do que em outros, ficamos profundamente conscientes de que somos um Povo exilado, vivemos numa terra de exílio. A Terra Prometida está à nossa frente — uma promessa ainda não realizada: a verdadeira Sião, a terra da vida, alegria e paz eternas.

Assim, por enquanto permanecemos nesta nossa terra de exílio. E temos motivo para chorar. Nosso exílio não é tanto geográfico, mas sim um estado de alma, motivado pelo pecado. O plano de Deus era um jardim que se abria para o Paraíso. Mas nossos ancestrais preferiram tomar as próprias decisões. E o resultado foi um desastre. E todos sofremos as consequências. Mas não sejamos tão severos com eles. Repetidas vezes, todos nós fracassamos, ao escolhermos nossos planos malconcebidos em vez do plano de Deus, que é o único caminho certo para casa.

Talvez não estejamos dispostos a empunhar harpas e a cantar os gloriosos Salmos do Templo, mas é imprescindível que consideremos a celestial Jerusalém como a maior de nossas alegrias, que jamais a esqueçamos, que fiquemos sempre atentos neste objetivo, nosso verdadeiro lar. Se tivermos vontade de praguejar, podemos sem dúvida invocar uma imprecação contra a imprudência que nos impede de estar sempre atentos a isso, permitindo-nos, assim, dar sentido e cor a nossas vidas e a todos os nossos atos.

Quando rememoramos como nossa viagem pessoal se desenrolou através dos anos, podemos sem dúvida desejar invocar uma imprecação sobre alguns daqueles que entendemos ser os responsáveis pelo nosso sofrimento de uma maneira ou de outra. Mas essa amargura, essa imprecação, só faz aumentar o amargor de nosso exílio. Em última análise, ainda que forças malignas tenham agido contra nós, é o nosso próprio pecado que faz com que nos exilemos da paz e alegria profundas que podem ser nossas até mesmo durante a jornada de exílio. A felicidade consiste em saber o que queremos e em saber que a temos ou estamos caminhando em sua direção. Estamos a caminho. Temos, sem dúvida, a ajuda de Deus para conseguir o que queremos, e mais até: "nem olhos viram, nem ouvidos ouviram nem jamais passou pelo pensamento do homem o que Deus preparou para aqueles que o amam..." (1 Co 2,9). Até mesmo esta vida no exílio pode ser entremeada com a alegria de uma esperança perene.

De maneira que talvez seja hora de pegarmos nossas harpas e cantar cânticos de louvor e de regozijo, que uma esperança certeira torna vibrantes; "graças ao misericordioso coração de nosso Deus, o sol que nasce do alto nos visitará, para alumiar os que vivem nas trevas e na sombra da morte para guiar nossos passos no caminho da paz" (Lc 1,78-9).

Aleluia

Salmo 150

1 Aleluia!
 Louvai a Deus no seu santuário;
 louvai-o em seu augusto firmamento!
2 Louvai-o por suas obras grandiosas;
 louvai-o por sua grandeza imensa!
3 Louvai-o ao som da trombeta;
 louvai-o com a lira e a harpa!
4 Louvai-o com dança e tambor;
 louvai-o com cordas e flautas!
5 Louvai-o com címbalos sonoros;
 louvai-o com címbalos retumbantes!
6 Tudo que respira louve ao Senhor!
 Aleluia!

Tudo que respira louve ao Senhor!

Aleluia

Alegria! Alegria! Alegria! Celebrai! De que outra maneira poderíamos concluir esta maravilhosa compilação de Salmos? Nosso ser inteiro deseja celebrar. E, contudo, ainda não é suficiente. Assim, empunhamos todos os instrumentos maravilhosos capazes de amplificar a voz de nosso louvor.

É sem dúvida apropriado que esta compilação de canções consagradas termine com um coro final de louvor, uma grande doxologia para fechar o Saltério.

Se permitimos realmente que o Saltério educasse nossas mentes e corações, isto é a única coisa que podemos fazer a esta altura: ficar na presença de Deus louvando-o.

Na verdade, pergunto-me se realmente sabemos o que significa louvar. Ou de que maneira louvar. Como podemos ser preenchidos com o espírito do louvor? Isto, creio, é o papel do Saltério: ensinar-nos a louvar.

Começamos a aprender a louvar a Deus em seu templo na terra, unindo-nos a outras pessoas, ocupando-nos com os hinos inspirados, permitindo que palavras, pensamentos, conceitos, sensações, imagens, cores, toda a experiência vivida do Povo Eleito de Deus nos conduza ao mais elevado nível do ser humano, o que nos prepara para louvar a Deus no templo dele no céu.

Salmo após Salmo fizeram-nos relembrar as grandes obras de Deus. Nós os recitamos e os vivemos muitas vezes, à medida que eles surjam em nossas orações diárias. E foram essas as portas que se abriram para nos dar uma leve percepção da transcendente grandeza de Deus.

Até mesmo uma sugestão dessa grandeza chama-nos para um louvor que está além de nós. Com uma comoção quase caótica, nosso fervor exige a utilização de todos os instrumentos que fomos capazes de inventar para ampliar nossos sentimentos e aspirações. Recorremos à lira e harpa, a todos os instrumentos de cordas, de sopro, às trombetas estridentes e aos címbalos estrepitosos. Não basta. Não é suficiente para nós. Recorremos aos movimentos harmoniosos e rítmicos de nossos próprios corpos. Ainda assim, queremos algo que seja mais pleno, mais pessoal: o próprio sopro da vida e do ser que tem sua origem no íntimo profundo de cada um. Requisitamos não apenas os seres que respiram, humanos e animais, mas "tudo que respira" — todos, incluídos no Sopro Divino. Pois, na verdade, não sabemos orar como convém (Rm 8,26), mas o Espírito Santo, o Sopro de Deus, desperta dentro de nós um total e completo "Aleluia! Louvai a Deus!"

Esta poderosa, bela e modesta doxologia capta todo o louvor do Saltério, do coração humano, da criação, e o traz para a Trindade, onde o Filho, uno com o Espírito Santo, oferece ao Pai louvor perfeito, ao pronunciar a totalidade de seu ser divino. Nada menos que isso será suficiente para louvar adequadamente a assombrosa, imensa e indescritível benevolência do Deus que é a benfazeja origem de tudo que existe, de tudo que somos.

Aleluia! Louvai o Senhor!

Leituras Sugeridas

Bonhoeffer, Dietrich. *Psalms: The Prayer Book of the Bible*. Minneapolis: Augsburg Fortress, 1974.
Corcoran, Nancy. *Secrets of Prayer: A Multifaith Guide to Creating Personal Prayer in Your Life*. Woodstock, Vermont: SkyLight Paths, 2007.
Cummings, Charles. *Songs of Freedom: The Psalter as a School of Prayer*. Danville, Nova Jersey: Dimension, 1986.
Dahood, Mitchell. *Psalms, The Anchor Bible*. 3 vols. Garden City, Nova York: Doubleday, 1965-70.
João Paulo II (papa). *Psalms and Canticles: Meditations and Catechesis on the Psalms and Canticles of Morning Prayer*. Chicago: Liturgical Training Publications, 2004.
Lewis, C. S. *Reflections on the Psalms*. Fort Washington, Pensilvânia: Harvest, 1964.
Mowinckel, Sigmund. *The Psalms in Israel's Worship*. Grand Rapids, Michigan: Eerdmans, 2004.
Oesterley, W. O. E. *The Psalms*. Londres: SPCK, 1962.
Pennington, M. Basil. *Finding Grace at the Center*, 3ª ed.: *The Beginning of Centering Prayer*. Woodstock, Vermont: SkyLight Paths, 2007.
——————. *The Monks of Mount Athos: A Western Monk's Extraordinary Spiritual Journey on Eastern Holy Ground*. Woodstock, Vermont: SkyLight Paths, 2003.
——————. *Poetry as Prayer: The Psalms*. Boston, Pauline, 2001.
——————. *The Song of Songs: A Spiritual Commentary*. Woodstock, Vermont: SkyLight Paths, 2007.
Polish, Daniel. *Bringing the Psalms to Life: How to Understand and Use the Book of Psalms*. Woodstock, Vermont: Jewish Lights, 2001.
——————. *Keeping Faith with the Psalms: Deepen Your Relationship with God Using the Book of Psalms*. Woodstock, Vermont: Jewish Lights, 2005.
Stuhlmueller, Carroll. *Psalms 1: Old Testament Message*. Wilmington, Delaware: Michael Glazier, 1983.
——————. *Psalms 2: Old Testament Message*. Wilmington, Delaware: Michael Glazier, 1983.
Weintraub, Simkha Y., org. *Healing of Soul, Healing of Body: Spiritual Leaders Unfold the Strength and Solace in Psalms*. Woodstock, Vermont: Jewish Lights, 1994.